W0300606

StudyHelp

StudyHelp

# 5. Klasse Deutsch Lernheft

inkl. Übungsaufgaben, Lernvideos und Merkhilfen


StudyHelp GmbH, Paderborn
WWW.STUDYHELP.DE

1. Auflage

Autor: Christian Gaschler
Lernvideos: DIE MERKHILFE

Redaktion & Satz: Carlo Oberkönig
Kontakt: verlag@studyhelp.de
Umschlaggestaltung, Illustration: StudyHelp GmbH
Druck: mediaprint solutions GmbH



ISBN 978-3-947-**50678**-1

# Inhalt

# Vorwort

Liebe Schülerin, lieber Schüler,

herzlich willkommen auf dem spannenden Feld der deutschen Sprache! Dich erwartet ein Helfer in Heftform, der dich durch das ganze Schuljahr begleitet. Denn du kannst damit den

**Schulstoff: Deutsch** der **5. Klasse**

bequem und in deinem Tempo nachbereiten. Die Schwierigkeit orientiert sich an den Anforderungen des Gymnasiums.

Egal, ob du dich auf einem einzelnen Gebiet (zum Beispiel *Zeitformen*) verbessern willst oder den kompletten Stoff von vorne bis hinten nachholen möchtest: Du hältst die ideale **Ergänzung zum Unterricht** in deinen Händen!

Lass dich auf unser wunderbares Deutsch ein und lies dir die Regeln in aller Ruhe durch. Sie stehen in **übersichtlichen Kästen** am Anfang eines jeden Abschnitts. In manchen Kästen findest du zudem **QR-Codes**, die du mit einer Handy- oder Tablet-Kamera anvisieren kannst. So gelangst du zu hilfreichen **Kurzvideos**, in denen wir dir den Stoff persönlich erklären. Hinweis: Solltest du dieses Heft als digitale Version besitzen, musst du lediglich die QR-Codes anklicken und gelangst automatisch zum Video.

Jeder Abschnitt hält Aufgaben bereit, die du direkt in diesem Heft bearbeiten kannst. Sie sind teils einfach, teils etwas kniffliger. Aber keine Sorge, du findest die richtige Lösung. Da sind wir sicher!

Und falls es doch einmal kurzfristig hapert, so rettet dich der Lösungsteil. Damit das Lernheft nicht aus allen Nähten platzt, findest du die ausführlichen Lösungen unter dem nachfolgenden QR-Code.

**LÖSUNGEN:**

Also leg los: Wir wünschen dir viel Spaß beim Lernen, Lösen und Anwenden!

Olli und Christian

# 1 Die Welt der Wortarten

## 1.1 Nomen (Teil 1)

**Nomen** nennt man auch **Substantive** oder **Hauptwörter**. Sie werden immer **großgeschrieben** und zählen zu den veränderlichen Wortarten. Das heißt, sie werden **gebeugt** (**dekliniert**). Die Deklination schauen wir uns später an.

Nomen sind entweder **greifbar** (**Konkretum**) oder **nicht greifbar** (**Abstraktum**). Um sie zu unterscheiden, überlege dir Folgendes: Kann ich es mit meinen Händen berühren? Dann ist es greifbar! Oder kann ich es nicht berühren? Dann ist es nicht greifbar! Nicht greifbare Dinge und Zustände kannst du dir aber meist in deinen Gedanken **vorstellen** oder **fühlen**. Zum Beispiel: **die Freude**.

| | |
|---|---|
| **Personen**: Mutter, Vater, Nachbar, Kind, Biologin, Lehrer<br>**Gegenstände & Dinge**: Haus, Auto, Tisch, Backofen, Geld<br>**Pflanzen & Tiere**: Hund, Katze, Vogel, Fisch, Baum, Rose | **konkrete Nomen** |
| **Eigennamen**: Daniel, Lisa, Berlin, Deutschland, Amazon<br>**Empfindungen**: Kälte, Wärme, Liebe, Ärger, Freundschaft<br>**Vorstellungen**: Traum, Wunsch, Idee, Meinung, Freiheit<br>**Weitere abstrakte Nomen**: Tag, Nacht, Licht, Abenteuer | **abstrakte Nomen** |

Viele Nomen haben **typische Endungen** wie:

*-heit, -keit, -ling, -nis, -sal, -schaft, -tum, -ung.*

Jedem Nomen kann ein Artikel zugeordnet werden, der sein **grammatisches Geschlecht** (Genus) beschreibt. Es kann männlich, weiblich oder sächlich sein. Das zeigt dir der begleitende Artikel an, der entweder bestimmt oder unbestimmt ist. Du benötigst drei bestimmte und zwei unbestimmte Artikel.

| Bestimmter Artikel | Unbestimmter Artikel | Geschlecht |
|---|---|---|
| **der** *Mann* | **ein** *Mann* | *männlich* (Maskulinum) |
| **die** *Frau* | **eine** *Frau* | *weiblich* (Femininum) |
| **das** *Auto* | **ein** *Auto* | *sächlich* (Neutrum) |

In der Regel haben Gegenstände sächliche Artikel. Leider ist das aber nicht immer so. Zum Beispiel sagen wir: **das** Auto, aber: **der** Wagen. Beide Nomen beschreiben Gegenstände. In der deutschen Sprache ist **das** Auto **sächlich**, **der** Wagen aber **männlich**. Das ist verwirrend, oder? Deswegen prägst du dir ein Nomen am besten mit dem zugehörigen Artikel ein. Mit der Zeit wirst du ein Gefühl für **den richtigen Artikel** entwickeln.

**Übung 1:** Wandle die Wörter in Nomen um. Nutze dabei **typische Nomenendungen**.

| | | | | | |
|---|---|---|---|---|---|
| a) | schlau | Schlauheit | b) | reich | ______ |
| c) | atmen | ______ | d) | rechnen | ______ |
| e) | schick | ______ | f) | ergeben | ______ |
| g) | traurig | ______ | h) | sauber | ______ |
| i) | schmettern | ______ | j) | Mann | ______ |
| k) | ermahnen | ______ | l) | finster | ______ |
| m) | frech | ______ | n) | Freund | ______ |

**Übung 2:** Lies den Text und markiere alle Wörter, die großgeschrieben werden.

**Die Artenvielfalt der deutschen Wälder**:

lisa spaziert zusammen mit ihrem vater und ihrem hund akino durch den wald. sie haben sich heute vorgenommen, die pflanzen und tiere genau zu untersuchen. zuerst treffen sie auf einen großen baum. es ist eine deutsche eiche. inmitten der eichenblätter sehen sie mehrere braune eicheln. darin befinden sich die samen, womit der baum sich fortpflanzen kann. aus dem baumwipfel beobachtet sie ein eichhörnchen, von denen es sehr viele in deutschland gibt. sie gehen weiter und treffen auf einen großen käfer, der ein geweih wie ein hirsch hat. es ist ein männlicher hirschkäfer, denn nur die männchen haben ein solches geweih. damit kämpfen sie gegen andere männchen, um die weiblichen hirschkäfer zu beeindrucken oder sich zu verteidigen. sie kommen auf eine lichtung und blicken nach oben, wo sie einen raubvogel kreisen sehen. es ist ein bussard, der nach mäusen und anderen nagetieren sucht. akino schaut auch nach oben und fängt an zu bellen, aber der bussard ignoriert ihn. mittlerweile ziehen dunkle wolken auf. es sieht nach regen aus! lisa, ihr vater und akino begeben sich auf den heimweg. auf dem rückweg kommen sie an einem wilden apfelbaum vorbei, der viele rote äpfel trägt. sie halten kurz an, pflücken sich zwei davon und gehen weiter. nun aber schnell nach hause, bevor sie so richtig nass werden.

**Übung 3:** Ordne den Nomen den bestimmten und den unbestimmten Artikel zu.

| | | | | | |
|---|---|---|---|---|---|
| a) | der / ein | Spaß | b) | ______ / ______ | Witz |
| c) | ______ / ______ | Angst | d) | ______ / ______ | Aufgabe |
| e) | ______ / ______ | Glaube | f) | ______ / ______ | Wille |
| g) | ______ / ______ | Gedanke | h) | ______ / ______ | Wut |

**Übung 4:** Welches Obst oder Gemüse versteckt sich hier? Errate die Nomen und schreib sie mit ihren bestimmten und unbestimmten Artikeln auf.

| | | **Artikel (best. / unbest.)** | **Nomen** |
|---|---|---|---|
| a) | naBaen | ______ / ______ | ______ |
| b) | pfleA | ______ / ______ | ______ |
| c) | imHerebe | ______ / ______ | ______ |
| d) | Mrnadaien | ______ / ______ | ______ |
| e) | kholtoR | ______ / ______ | ______ |
| f) | dieRasench | ______ / ______ | ______ |
| g) | nanAsa | ______ / ______ | ______ |
| h) | obnKuahcl | ______ / ______ | ______ |
| i) | Aschoriteck | ______ / ______ | ______ |
| j) | elZbwie | ______ / ______ | ______ |
| k) | chiRtte | ______ / ______ | ______ |
| l) | ichPfsri | ______ / ______ | ______ |

**Übung 5:** Ordne die Nomen der Übungen 3 und 4 in die Tabelle ein (ohne Artikel).
**Tipp**: Überlege, ob du es mit deinen Händen berühren kannst.

| **Konkrete Nomen** | **Abstrakte Nomen** |
|---|---|
| | |

**Übung 6:** Denk dir 5 abstrakte und 5 konkrete Nomen aus, die noch nicht genannt wurden. Schreib sie mit ihren bestimmten Artikeln auf.

- Abstrakte Normen:

  ______________________________

- Konkrete Normen:

  ______________________________

## 1.2 Nomen (Teil 2)

Fast alle Nomen gibt es im **Singular** (Einzahl) und im **Plural** (Mehrzahl). Damit wird der **Numerus** (Anzahl) angegeben. Zum Beispiel:

> **Singular: der / ein Freund**
>
> **Plural: die / zwei Freunde**

Im Plural werden Nomen nicht von unbestimmten, sondern **nur von bestimmten Artikeln** begleitet. Außerdem können Plurale mit **Zahlwörtern** (Numeralien) wie **zwei**, **drei**, **vier**, **einige**, **manche**, **wenige** näher beschrieben werden.

Es gibt verschiedene Pluralformen:

a) Nomen, die im Singular und Plural **dieselbe Form** haben:

*der Schüler – die Schüler*
*das Mädchen – die Mädchen*
*das Essen – die Essen*

b) Nomen, die im Plural eine **Endung** wie **-e, -n oder -s** haben:

*das Tier – die Tier**e***
*die Pfanne – die Pfanne**n***
*die Salami – die Salami**s***

c) Nomen, die im Plural einen **Umlaut** haben:

*der Mund – die M**ü**nder*
*der Stock – die St**ö**cke*
*das Haus – die H**äu**ser*

d) Nomen, die es **entweder** im Singular **oder** im Plural gibt:

Nur im Singular: *das Obst, der Durst, der Respekt*

Nur im Plural: *die Geschwister, die Kosten, die Ferien*

Nun kommen wir zur Beugung der Nomen **(Deklination)**. Die Beugung hängt von unseren **4 Fällen (Kasus)** ab, die du mit **Fragewörtern** erkennen kannst.

| | | |
|---|---|---|
| **1. Fall: Nominativ** | → | **Wer oder was?**<br>Wer oder was spielt im Garten?<br>**Der** Junge, **das** Mädchen, **die** Kinder |
| **2. Fall: Genitiv** | → | **Wessen?**<br>Wessen Schuh ist das?<br>Der Schuh **des** Jungen, **des** Mädchens, **der** Kinder |
| **3. Fall: Dativ** | → | **Wem?**<br>Wem leihst du deinen Stift?<br>**Dem** Junge**n**, **dem** Mädchen, **den** Kinder**n** |
| **4. Fall: Akkusativ** | → | **Wen oder was?**<br>Wen hättest du gern zum Freund?<br>**Den** Junge**n**, **das** Mädchen, **die** Kinder |

Der **Artikel** und **Endungen** der Nomen verändern sich je nach Fall. Das kann manchmal knifflig sein, aber du wirst dafür ein Gespür bekommen. Lass dich nicht verunsichern, wenn dir die richtige Anwendung mal nicht gelingt. Das geht uns allen so.

Übrigens gibt es sogar einzelne Sätze, die **alle vier Fälle** enthalten:

| Der Freund | meines Nachbarn | leiht | mir | seine Angel | . |
|---|---|---|---|---|---|
| Nominativ: Wer? | Genitiv: Wessen? | | Dativ: Wem? | Nominativ: Was? | |

**Übung 7:** Bilde die richtige Pluralform. Kontrolliere dann die Wörter mit einem Wörterbuch.

**Tipp:** Manchmal sind Singular und Plural identisch. Und manchmal gibt es zwei Plurale.

a) der Baum ____________ b) der Ast ____________

c) die Beere ____________ d) das Wasser ____________

e) das Hobby ____________ f) das Brot ____________

g) der Atlas ____________ h) die Wut ____________

i) der Bäcker ____________ j) die Geschwister ____________

**Übung 8:** Lies den Text und markiere alle Substantive. Überlege, welches Geschlecht die Nomen haben und ob sie im Singular oder im Plural vorliegen.

Carla gräbt draußen nach einem Schatz. Von ihrem Nachbarn hat sie erfahren, dass Piraten hier früher Gold vergruben. Deswegen hat sich Carla den Spaten ihres Vaters ausgeliehen, um danach zu buddeln. Sie gräbt den ganzen Nachmittag, findet aber leider nur ein paar alte Kronkorken und zwei leere Konservendosen. Enttäuscht bricht sie das Graben ab und schenkt den Fund ihren Brüdern.

*Carla (Feminin/Singular),* ____________

____________

____________

**Übung 9:** Bestimme den Fall (Kasus) einiger Substantive aus der vorherigen Übung.
**Tipp:** Denk an die Fragewörter, um die Fälle zu identifizieren.

a) *Wer oder was* gräbt im Garten? *Carla* / *Nominativ*

b) Von ________ hat sie erfahren, dass ...? ________ / ________

c) ________ vergruben Piraten hier früher? ________ / ________

d) ________ hat sich Carla ausgeliehen? ________ / ________

e) ________ Spaten ist das? ________ / ________

f) ________ gräbt den ganzen Nachmittag? ________ / ________

g) ________ findet sie? ________ / ________

h) ________ bricht Carla enttäuscht ab? ________ / ________

i) ________ schenkt sie den Fund? ________ / ________

# 1.3 Pronomen

Pronomen nennt man auch **Fürwörter**, sie stehen **stellvertretend** für ein Nomen. Genau wie Nomen **veränderst (deklinierst)** du sie den Fällen entsprechend. Es gibt unterschiedliche Arten von Pronomen, wir schauen uns drei von ihnen genauer an.

### Personalpronomen

> Personalpronomen stehen stellvertretend für
>
> **Personen**, aber auch für **Gegenstände** und **Zustände**.
>
> In der 3. Person Singular ist es wichtig zu wissen, ob das Nomen **männlich, weiblich** oder **sächlich** ist.

| | Singular | Plural | Beispiele |
|---|---|---|---|
| 1. Person | ich, mir, mich | wir, uns | **ich** schwimme gern, das gefällt **mir** |
| 2. Person | du, dir, dich | ihr, euch | wie geht's **dir**?, **ihr** freut **euch** |
| 3. Person | er, ihm, ihn | sie, ihnen | **sie** isst Käse, **ihm** schmeckt **es** |
| | sie, ihr | | wollen wir **ihnen** helfen? |
| | es, ihm | | |

### Possessivpronomen

> Possessivpronomen nennen wir auch **besitzanzeigende Fürwörter**. Wie der Name schon sagt, zeigen sie
>
> einen **Besitz** oder eine **Zugehörigkeit** an.

| | Singular | Plural | Beispiele |
|---|---|---|---|
| 1. Person | mein/e | unser/e | **mein** Buch, **unsere** Lampe → Besitz |
| 2. Person | dein/e | euer/eure | **dein** Onkel, **eure** Idee → Zugehörigkeit |
| 3. Person | sein/e, ihr/e | ihr/e | **seine** Tasche, **ihre** Stifte → Besitz |

Personal- und Possessivpronomen passen sich an den **Fall (Kasus)**, die **Anzahl (Numerus)** und das **Geschlecht (Genus)** des Nomens an, auf das sie sich beziehen. Achte also auf den Fall, damit du das richtige Pronomen wählst.

## Interrogativpronomen

> Interrogativpronomen bezeichnen wir auch als **Fragepronomen**, da sie eine Frage einleiten. Sie können als **Stellvertreter** oder **Begleiter** auftreten:
>
> *wer, was, welcher, welche, welches, welchen*

| | |
|---|---|
| **Wer** hatte die Idee? | → Stellvertreter des Nomens „Paul“ |
| Antwort: Paul | |
| **Welche** Idee hattest du gestern? | → Begleiter des Nomens „Idee“ |
| Antwort: Ich wollte eine Eis essen gehen. | |

**Übung 10:** Welches Possessivpronomen gehört zum jeweiligen Personalpronomen? **Tipp**: Achte auf den Satzanfang.

a) **Ich** habe gestern ____________ Geburtstag gefeiert.
b) **Du** hast ____________ Rucksack in der Schule vergessen.
c) **Sie** haben ____________ Fernseher verkauft, weil sie lieber lesen.
d) **Wir** wollen am Wochenende ____________ neuen Fahrräder ausprobieren.
e) **Sie** schenkt ____________ Hund einen Knochen.
f) **Er** hat ____________ Gedanken aufgeschrieben.
g) **Ihr** fahrt mit ____________ Auto viel zu schnell.
h) **Es** schützt uns mit ____________ Dach.

---

**Übung 11:** Ließ den Text und markiere alle Personal- und Possessivpronomen. Nutze für die beiden Arten zwei unterschiedliche Farben.

Die Sonne wärmt uns zwar mit ihren Strahlen, aber sie kann uns auch gefährlich werden. Wenn sie intensiv scheint, sollten wir unsere Haut vor den UV-Strahlen schützen. Im letzten Spanienurlaub beachtete mein Bruder Paul das nicht, wodurch er einen Sonnenbrand auf seiner Stirn bekam. Sie war gerötet und schmerzte ihn. Dabei hatte uns die nette Apothekerin noch gewarnt: „Vergesst nicht, euer Gesicht, euren Hals und euren Nacken einzucremen!“ Unsere Mama machte beim Lesen unter dem Sonnenschirm auch einen Fehler: Sie saß zwar im Schatten, aber ihre Füße waren einige Stunden lang in der prallen Sonne. Am Abend waren sie ganz rot. Sie konnte nur noch barfuß laufen, weil ihre Füße in ihren Schuhen wehtaten. Zum Glück befolgte ich den Rat der Apothekerin und cremte meinen ganzen Körper ein. Meine Freundinnen sagten nach meiner Rückkehr: „Du bist ja gar nicht braun geworden!" – Darauf antwortete ich: „Stimmt, aber dafür hatte ich keinen Sonnenbrand!"

**Übung 12:** Erkennst du die Fälle hinter den Pronomen? Notiere 5 Fragen und Antworten. **Tipp**: Es kommt darauf an, wie du fragst. Denk an die Fragewörter.

1) F: ______________________________ A: ____________________
2) F: ______________________________ A: ____________________
3) F: ______________________________ A: ____________________
4) F: ______________________________ A: ____________________
5) F: ______________________________ A: ____________________

---

**Übung 13:** Suche nach dem richtigen Interrogativpronomen (Fragepronomen) und beantworte die Frage, wenn nötig.

a) ___Wer___ hat eine Eins in der Klassenarbeit geschrieben? A: ___Ich___
b) ________ Schulfach magst du am liebsten? A: ____________
c) ________ Musiker gefällt dir? A: ____________
d) ______ haben dir deine Eltern zum letzten Geburtstag geschenkt? A: ______
e) Jonas will wissen, ____________ Schuhgröße er hat.
f) ____________ Haustier hat unser Nachbar?
g) Der Papagei hat gefragt, ____________ ihn heute füttert.
h) ______ ist rot, rund, hat einen grünen Stiel und hängt am Baum? A: ________
i) ____________ Weg sollen wir gehen: links oder rechts?
j) Sag mal, ____________ essen wir heute Abend?

---

**Übung 14:** Lies die Sätze: Benenne die Art der markierten Pronomen.

a) Willst du heute mein neues Zimmer sehen? __________________
b) Wer war eben an unserer Tür? __________________
c) Meine Schwester glaubt, sie wird mal Kanzlerin. __________________
d) Was summt, ist rund und schwarz-gelb gestreift? __________________
e) Welchen Rat kannst du mir geben? __________________
f) Ich helfe ihm bei seinen Hausaufgaben. __________________
g) Wer gibt euch noch eine Chance? __________________
h) Er fragt mich, welche Schuhe ich trage. __________________
i) An wen soll ich mich mit meiner Frage wenden? __________________
j) Von wem hast du davon erfahren? __________________

## 1.4 Adjektive

Adjektive werden auch **Eigenschaftswörter** genannt, da sie die **Eigenschaften** und **Merkmale** eines Nomens benennen. Du kannst mit ihnen **Nomen näher beschreiben**. Adjektive werden **kleingeschrieben** und stehen meist zwischen Artikel und Nomen.

**Beispiele**:

*das **schöne** Haar, der **schlaue** Fuchs, ein **großer** Mensch, eine **teure** Uhr*

In diesen Beispielen sind die Adjektive **Attribute**, da sie vor den Nomen stehen und mit ihnen eine **feste Einheit** bilden. Attribute passen sich an **Geschlecht, Anzahl und Fall** an (Deklination). Adjektive können aber auch mit dem Hilfsverb *sein* auftreten. Sie bilden dann in Kombination damit ein Prädikat. Das ist ein Satzglied, das wir uns in Kapitel 3 genauer ansehen werden.

**Beispiele**:

*Sein Haar **ist schön**. Der Fuchs **ist schlau**.*
*Der Mensch dort **ist groß**. Diese Uhr **ist teuer**.*

Ist dir aufgefallen, dass sich das Adjektiv in der Verwendung mit dem Hilfsverb *sein* **nicht verändert**? Daran kannst du den Unterschied zwischen **attributiven** und **prädikativen** Adjektiven erkennen.

Viele Adjektive können **gesteigert** werden. So kannst du Menschen, Gegenstände und Situationen miteinander **vergleichen**.

Du benötigst dafür drei Formen:

**Der Positiv** (Grundform) ist die nicht gesteigerte Ausgangsform:

*schön, klug, groß, teuer, gut, schnell*

**Der Komparativ** (Steigerungsstufe) steigert die Grundform. Du bildest ihn, indem du die Endung ***-er*** anhängst. Die Vokale ***a, o*** und ***u*** erhalten im Komparativ einen Umlaut, außerdem gibt es unregelmäßige Steigerungen wie **besser**.

*schöner, klüger, größer, teurer, besser, schneller*

**Der Superlativ** (Höchststufe) steigert den Komparativ, ist aber selbst nicht mehr steigerungsfähig. Du bildest ihn mit der Präposition ***am*** und der Endung ***-sten***.

*am schönsten, klügsten, größten, teuersten, besten, schnellsten*

Bei **Vergleichen** mit dem **Positiv** nutzt du das Wort **wie**:

*Meine Haare sind genauso lang* ***wie*** *deine.*
*Carl ist so groß* ***wie*** *sein Vater.*

Bei **Vergleichen** mit dem **Komparativ** hingegen nutzt du das Wort **als**:

*Meine Haare sind länger* ***als*** *deine.*
*Carl ist größer* ***als*** *sein Vater.*

Übrigens kannst du nicht alle Adjektive **sinnvoll steigern**. Manche sind **absolut**, das heißt, ihre Beschreibung trifft entweder zu oder nicht. Zum Beispiel:

*taub, grün, eckig, einzig, deutsch*

**Erklärung**: Eine Person hat entweder die **deutsche** Staatsbürgerschaft oder nicht. Jemand ist entweder **taub** oder nicht.

**Tipp**: Stell dir immer die Frage, ob eine Steigerung Sinn ergibt.

---

**Übung 15:** Erinnerst du dich an die vier Fälle? Benenne sie und dekliniere anschließend das Attribut.
**Tipp**: Denk auch daran, die passenden Artikel zu wählen.

| Die 4 Fälle | Einzahl | Mehrzahl |
|---|---|---|
| **1. Fall:** Nominativ | der grüne Garten | |
| **2. Fall:** | | |
| **3. Fall:** | | |
| **4. Fall:** | | |

---

**Übung 16:** Vervollständige den Text. Dekliniere die Adjektive passend zu den Nomen.

**Ein Tag am Waldsee**

Heute ist das Wetter wunderbar (wunderbar). Deshalb möchte Nora mit ihrer Freundin Luisa an den ______________ (groß) Waldsee fahren, um die ______________ (warm) Sonne und das ______________ (kühl) Wasser zu genießen. Doch Luisa hat ein ______________ (klein) Problem mit ihrem ______________ (blau) Fahrrad. Der Vorderreifen ist auf einmal ganz

__________ (platt). Die Ursache ist schnell gefunden: In dem Reifen steckt ein __________ (rostig) Nagel. Zum Glück kennt Nora ein __________ (günstig) Geschäft um die Ecke, in dem die beiden __________ (jung) Damen einen __________ (nagelneu) Fahrradschlauch kaufen. Der Verkäufer hilft sogar bei der Reparatur, danach ist Luisas Rad wieder __________ (fahrbereit). Mit __________ (leicht) Verzögerung kommen sie am Waldsee an. Sie können das __________ (klar) Wasser schon aus der Ferne sehen. Aber was ist denn hier los? Sie waren nicht die Einzigen mit der __________ (grandios) Idee, schwimmen zu fahren. Der See ist total __________ (überfüllt). Moment, da sind noch zwei Plätze __________ (frei). Puh, Glück gehabt! Jetzt aber nichts wie hinein ins __________ (erfrischend) Nass.

---

**Übung 17:** Schau dir die Adjektive aus der vorherigen Übung genauer an. Welche waren attributiv, welche prädikativ? Trage sie in der verwendeten Form in die richtigen Spalte ein.

| attributiv | prädikativ |
|---|---|
| | wunderbar |

**Übung 18:** Übe die Steigerungsform einiger Adjektive.

| Positiv | Komparativ | Superlativ |
|---|---|---|
| warm | | |
| | kälter | |
| | | am hellsten |
| | dunkler | |
| frisch | | |
| | dankbarer | |

**Übung 19:** Welche Adjektive sind absolut und lassen sich **nicht** sinnvoll steigern? Markiere.

gelb
heftig
intelligent
einzig
schnell
fertig
schlau
ganz
langsam
reich
fröhlich
leer
perfekt
englisch
schriftlich

---

**Übung 20:** Übe noch mal die Steigerungen. Setze **als** oder **wie** ein.
**Tipp:** Überlege ob das Adjektiv ein Positiv oder Komparativ ist.

a) Ich bin schlauer ______________ du.

b) Ihr habt genauso lange Ferien ______________ wir.

c) Ein Tiger ist stärker ______________ ein Luchs.

d) Ein Blauwal ist viel schwerer ______________ ein Mensch.

e) Fettige Pommes sind nicht so gesund ______________ frisches Obst.

f) Warum führst du dich auf ______________ ein Sturkopf?

g) Seit wann bist du kleiner ______________ deine Schwester?

h) Du siehst genauso aus ______________ dein Vater.

i) Deutschlands Fläche ist mehr ______________ viermal so groß ______________ Österreichs.

j) Österreich hat etwa so viele Einwohner ______________ die Schweiz.

## 1.5 Verben

Verben nennt man auch **Tätigkeits**- oder **Zeitwörter**. Sie beschreiben **Handlungen**, **Vorgänge** oder **Zustände** und werden **kleingeschrieben**.

Eine Handlung führst du **bewusst** und **kontrolliert** durch, hingegen ist ein Vorgang **passiver** und **unkontrolliert**. Sowohl bei der Handlung als auch beim Vorgang **verändert** oder **bewegt** sich etwas.

Das trifft aber nicht auf einen Zustand zu, denn er beschreibt eine Situation, in der sich **nichts bewegt** oder **verändert**. Ein Zustand dauert eine **bestimmte Zeit** an, das **Ende** ist aber meist **nicht absehbar**.

| | |
|---|---|
| **Handlungen**: | *gehen, springen, lernen, bringen, reden* |
| **Vorgänge**: | *blühen, wachsen, schlafen, atmen, vergessen* |
| **Zustände**: | *liegen, wohnen, glauben, freuen, gehören, zustimmen* |

Alle Verben haben eine **Grundform**, die sich **Infinitiv** nennt. Die meisten Verben enden auf ***-en***, manche auf ***-ln*** oder ***-rn***. Wenn du die Endung streichst, bleibt der **Wortstamm** übrig.

**Beispiele** mit

***-en*** : *wünsch-en, frag-en, ruf-en, riech-en, schwimm-en, deut-en*

***-ln*** : *klingel-n, sammel-n, brodel-n, radel-n, segel-n, handel-n*

***-rn*** : *mecker-n, muster-n, zwinker-n, änder-n, forder-n, bätter-n*

Du kannst Verben zwar im Infinitiv benutzen, verwendest sie aber meistens in der **Personalform**. Das bedeutet, du hängst an den Stamm die **Personalendung** an und veränderst sie somit je nach **Person** und **Zeit (Tempus)**. Diese Veränderung nennen wir **Konjugation**. Da wir uns im nächsten Kapitel noch ausgiebig mit den verschiedenen Zeitformen beschäftigen werden, beschränken wir uns bei den folgenden Übungen auf die **Gegenwart (Präsens)**:

**Konjugation im Präsens**

| | | ***schwimm-en*** | ***klingel-n*** | ***änder-n*** |
|---|---|---|---|---|
| Singular | *ich* | *schwimm-**e*** | *kling(e)l-**e*** | *änder-**e*** |
| | *du* | *schwimm-**st*** | *klingel-**st*** | *änder-**st*** |
| | *er/sie/es* | *schwimm-**t*** | *klingel-**t*** | *änder-**t*** |

| | | ***schwimm-en*** | ***klingel-n*** | ***änder-n*** |
|---|---|---|---|---|
| Plural | *wir* | *schwimm-**en*** | *klingel-**n*** | *änder-**n*** |
| | *ihr* | *schwimm-**t*** | *klingel-**t*** | *änder-**t*** |
| | *sie* | *schwimm-**en*** | *klingel-**n*** | *änder-**n*** |

Viele Verben können im **Imperativ (Befehlsform)** verwendet werden. Hiermit drückst du eine **Aufforderung**, eine **Bitte** oder einen **Befehl** aus. Du solltest den Imperativ vorsichtig verwenden, da du dein Gegenüber damit verärgern könntest. Im Singular hängst du ein ***-e***, im Plural ein ***-t*** an den Wortstamm an. Der Imperativ wird nur im **Präsens** in der **2. Person** verwendet.

**Imperativ**:

***Mach*** *bitte die Tür auf!*
***Esst*** *bitte nicht so viele Süßigkeiten!*
***Biete*** *der alten Dame bitte deinen Sitzplatz an!*
***Räumt*** *euer Zimmer auf!*
***Vergiss*** *deine Hausaufgaben nicht!*

**Übung 21:** Konjugiere das Wort *rechnen* im Präsens.

| | **Singular** | **Plural** |
|---|---|---|
| 1. Person | | |
| 2. Person | | ihr rechnet |
| 3. Person | | |

**Übung 22:** Bestimme die Personalform (links) oder konjugiere das Verb (rechts) im Präsens.

| | | |
|---|---|---|
| a) | 2. Person Singular **wohnen** | |
| b) | | sie reiten |
| c) | | ich sprinte |
| d) | 1. Person Plural **blättern** | |
| e) | | sie lächelt |
| f) | 2. Person Singular **schubsen** | |
| g) | 3. Person Singular **reden** | |
| h) | | du denkst |
| i) | | wir ärgern uns |
| j) | 2. Person Plural **antworten** | |

**Übung 23:** Erkennst du die konjugierten Verben?

Unterstreiche sie und leite ihre Infinitive ab.

Kommst du mich heute besuchen?

Welche Schuhgröße hat er?

Ihr seid klug!

Du isst gern Schokolade.

Sie wohnen zur Miete.

Ich kaufe gerne Kaugummi.

Wir kaufen uns eine Playstation.

Sie mag die Natur.

Die Idee gefällt ihnen nicht.

Heute scheint die Sonne.

**Infinitive**: ____________________

____________________

____________________

____________________

**Übung 24:** Bilde den Imperativ der Verben oder leite den Infinitiv ab.
**Tipp:** Bei manchen Verben ändert sich der Wortstamm (unregelmäßige Bildung).

| | | | |
|---|---|---|---|
| a) | nehmen | | |
| b) | | sieh! | |
| c) | | | esst! |
| d) | rufen | | |
| e) | laufen | | |
| f) | | frag! | |
| g) | | | bedankt euch! |
| h) | | hilf! | |
| i) | nachdenken | | |
| j) | | | fahrt! |

**Übung 25:** Verbinde die Vorsilben mit passenden Verben: Ziehe Linien und schreib anschließend alle Kombinationen auf. Du kannst die Wörter auch in einem Wörterbuch nachschlagen.

| **Vorsilben** | **Verben** |
| --- | --- |
| nach- | gehen |
| zu- | schalten |
| vor- | fallen |
| über- | setzen |
| mit- | spielen |
| unter- | kommen |
| nieder- | denken |
| entgegen- | fahren |
| bel- | bereiten |
| hinter- | machen |
| zer- | sehen |
| aus- | teilen |
| an- | fordern |

# 1.6 Präpositionen

Präpositionen sind **Verhältniswörter**, die sich in der Regel auf ein **Nomen** oder **Pronomen** beziehen. Mit ihnen kannst du **Beziehungen** zu Personen, Gegenständen und Sachverhalten herstellen.

| | | |
|---|---|---|
| **lokal** | → | auf, über, unter, vor, hinter, neben, in, aus, von, bei |
| (räumlich) | | *Die Katze klettert **auf** das **Dach**.* |
| **temporal** | → | um, seit, nach, während, an, vor, in, von, bei |
| (zeitlich) | | ***Nach** dem **Essen** sind wir gestärkt.* |
| **modal** | → | ohne, mit, außer, mitsamt, einschließlich, durch, von |
| (Art und Weise) | | *Der Hund läuft **mitsamt** der **Leine** weg.* |
| **kausal** | → | wegen, aufgrund, infolge, trotz, laut, von |
| (Grund/Ursache) | | ***Infolge** eines **Sturzes** tut sein Bein weh.* |

Präpositionen sind **nicht veränderbare** Wörter, sogenannte **Partikel**. Manchmal verschmelzen sie aber mit einem Artikel:

*an + dem = **am**, in + dem = **im**, bei + dem = **beim**, auf + das = **aufs***

Die Präposition bestimmt stets den **Kasus (Fall)** ihres **Bezugswortes** und steht zumeist vor diesem. Zusammen mit den **eingeschlossenen** Artikeln und Adjektiven bildet sie ein **Präpositionalgefüge**.

**Beispiel:**

***Wegen** des schlechten **Wetters** bleiben wir heute zuhause.*

**Präpositionalgefüge**

---

**Übung 26:** Prüfe die Aussagen und kreuze an, ob diese wahr oder falsch sind.

Präpositionen...

| | | wahr | falsch |
|---|---|---|---|
| a) | beziehen sich auf Personen und Gegenstände. | ○ | ○ |
| b) | gibt es in zwei Arten. | ○ | ○ |
| c) | bestimmen den Kasus des Bezugswortes. | ○ | ○ |
| d) | sind veränderbare Wörter. | ○ | ○ |

**Übung 27:** Suche nach Präpositionen und unterstreiche sie.

**Hase und Fuchs**:

Ein Feldhase hoppelt flink durch hohes Gras. Man sieht nur seine Ohrenspitzen, die bei jedem Sprung über die Halme ragen. Aus der Ferne beobachtet ihn ein Rotfuchs, der seit Tagen nichts gefressen hat. Aufgrund seines großen Hungers will er einen Angriff wagen, wenngleich der Hase dank seiner kräftigen Hinterbeine kaum zu fangen ist. Während einer kurzen Verschnaufpause des Hasen, pirscht sich der Fuchs auf zehn Meter heran. Er läuft geduckt und mit hoher Konzentration. Der Fuchs will gerade zum entscheidenden Spurt ansetzen, da raschelt es plötzlich neben ihm. Ein Rabe steigt krächzend empor. Von diesem Lärm aufgeschreckt sprintet der Hase in den Wald. Der Fuchs ist infolge seines Pechs schwer enttäuscht. Denn außer Gras und Löwenzahn bleibt ihm nun leider nichts zu fressen.

---

**Übung 28:** Schreibe die in der vorigen Übung unterstrichenen **Präpositionen** mit ihren **Bezugswörtern** auf. Vergiss dabei die eingeschlossenen Artikel und Adjektive nicht.

a) durch hohes Gras b) ______
c) ______ d) ______
e) ______ f) ______
g) ______ h) ______
i) ______ j) ______
k) ______ l) ______
m) ______ n) ______
o) ______ p) ______

---

**Übung 29:** Ordne die Präpositionalgefüge aus **Ü. 28** in die folgende Tabelle ein.

| lokal | temporal | modal | kausal |
|---|---|---|---|
| durch hohes Gras | | | |

**Übung 30:** Ergänze die Artikel hinter den Präpositionen. Erkennst du die Fälle?

a) Wegen ______________ Baustelle bleibt die Schule heute geschlossen.

**Fall**: ____________________

b) Unter ______________ Baum liegt es sich bequem.

**Fall**: ____________________

c) Während ______________ Sturms klapperte die Tür.

**Fall**: ____________________

d) Ohne ______________ Auto wären wir viel langsamer.

**Fall**: ____________________

## 1.7 Adverbien

Adverbien sind **Umstandswörter**, die **nicht veränderbar** (Partikel) sind. Du erkennst sie daran, dass die meisten Sätze auch ohne sie Sinn ergeben. Deshalb sind Adverbien aber nicht sinnlos, denn sie können die **Umstände** einer **Handlung**, **Tätigkeit** oder eines **Geschehens** näher beschreiben.

| | |
|---|---|
| *Lena sucht ihre Kopfhörer im Haus.*<br>*Finn ist vom Fahrrad gefallen.* | ohne Adverb |
| *Lena sucht ihre Kopfhörer* ***überall*** *im Haus.*<br>*Finn ist* ***heute*** *vom Fahrrad gefallen.* | mit Adverb |

Adverbien malen ein genaueres Bild davon, was vorgefallen ist. Mit ihrer Hilfe wird klar, **wo** Lena ihre Kopfhörer sucht und **wann** Finn vom Fahrrad gefallen ist. Wir unterscheiden **vier Arten**:

**Temporaladverbien** beziehen sich auf die **Zeit**. Fragewörter:

*wann? wie lange? wie oft?*

Beispiele: *nie, selten, heute, oft, immer*
*Ich gewinne* ***nie*** *bei Gesellschaftsspielen. In Deutschland regnet es* ***oft***.

**Lokaladverbien** beziehen sich auf den **Ort**. Fragewörter:

*wo? woher? wohin? woneben?*

Beispiele: *hier, dort, oben, überall, außen*
*Bitte stell den Stuhl* ***hier*** *ab. Der Mensch steht* ***oben*** *in der Nahrungskette.*

**Modaladverbien** beziehen sich auf die **Art und Weise**. Fragewörter:

*wie? wie sehr? auf welche Art?*

Beispiele: *gern, vergebens, so, vielleicht, zu*
*Sei dir nicht* ***so*** *sicher, du irrst dich* ***vielleicht****. Im Pullover ist es mir* ***zu*** *warm.*

**Kausaladverbien** beziehen sich auf den **Grund**. Fragewörter:

*wieso? weshalb? warum?*

Beispiel: *deswegen, daher, deshalb, demnach, also*
*Ich wollte Menschen helfen,* ***deswegen*** *bin ich Ärztin geworden.*

**Übung 31:** Vervollständige die Sätze mit den Adverbien im Kasten.

| bergab, gleich, besonders, unten, deinetwegen, kaum |
| --- |

a) Bitte gedulden Sie sich einen Moment, ich komme __________ zu Ihnen.
b) Unsere Getränke lagern wir __________ im kühlen Keller.
c) Paul lässt sich mit dem Fahrrad __________ rollen.
d) Lisa schimpft: „Ich habe __________ den Bus verpasst!"
e) Warum hat er sich __________ über mein Geschenk gefreut?
f) Marie ist meine beste Freundin. Sie habe ich __________ gern.

---

**Übung 32:** Lies die Sätze und markiere die Adverbien.

a) Lasst uns endlich essen, wir wollen gleich aufbrechen!
b) Das war eine sehr ungewöhnliche Nachricht, deshalb bin ich jetzt verwirrt.
c) Warum bist du so nett? Hast du möglicherweise etwas angestellt?
d) Christian isst gern eine Pizza mit Pilzen, besonders mit Champignons.
e) Mein Vater kennt sich überall in Deutschland aus.
f) Lisa möchte ins Schwimmbad fahren, aber leider hat sie heute Schnupfen.
g) Die Klasse hat viel gelernt, demnach sollten alle gute Noten schreiben.
h) Bitte halt meinen Rucksack, ich will ihn nämlich nicht hier abstellen.

**Übung 33:** Ordne alle Adverbien aus den vorherigen **Übungen** in die Tabelle ein.

| **Adverbien...** | | | |
|---|---|---|---|
| **der Zeit** | **des Ortes** | **der Art und Weise** | **des Grundes** |
| | | | |

**Übung 34:** Lies den Text und markiere alle Adverbien.

**Auszug aus dem Roman „Der Alchemist“ von Paulo Coelho**

Der Jüngling hieß Santiago. Es fing bereits an zu dämmern, als er mit seiner Schafherde zu einer alten, verlassenen Kirche kam. Das Dach war schon vor geraumer Zeit eingestürzt, und ein riesiger Maulbeerbaum wuchs an jener Stelle, wo sich einst die Sakristei befand. Er entschloss sich, die Nacht hier zu verbringen. So geleitete er alle Schafe durch die beschädigte Türe und legte einige Bretter quer davor, damit ihm die Tiere während der Nacht nicht entwischen konnten. Zwar gab es keine Wölfe in jener Gegend, aber einmal war ihm eines der Tiere während der Nacht entkommen, und er musste den ganzen folgenden Tag mit der Suche nach dem verirrten Schäfchen verbringen. Danach breitete er seinen Mantel auf dem Fußboden aus, legte sich nieder und nahm das Buch, das er gerade gelesen hatte, als Kopfkissen. Vor dem Einschlafen dachte er daran, dass er in Zukunft dickere Bücher lesen wollte, weil man länger etwas davon hat und weil sie eine bequemere Kopfstütze abgeben. Es war noch finster, als er erwachte. Als er nach oben schaute, sah er die Sterne zwischen den Dachbalken durchscheinen.

WORTARTEN (1):

WORTARTEN (2):

# 2 Mit Zeitformen umgehen

## 2.1 Präsens (Gegenwart)

Du kannst Verben in unterschiedlichen Zeiten verwenden. Die **Zeit** (Tempus) verdeutlicht, **wann** etwas passiert. Alles, was passiert, kannst du den Zeitstufen

**Vergangenheit, Gegenwart** und **Zukunft**

zuordnen. Das stellst du dir am besten anhand eines Zeitstrahls vor:

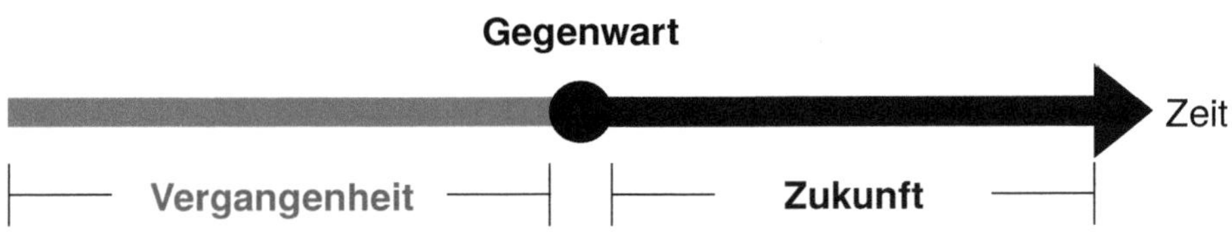


Das **Präsens** ist die Zeitform der Gegenwart. In dieser Zeit befindest du dich stets, wenn du etwas erzählst. Egal, ob du über die Zukunft oder die Vergangenheit berichtest, du erzählst es im **Jetzt**.
Demnach verwendest du das Präsens immer, wenn etwas **gerade passiert**:

*Ich **stehe** jetzt auf.*
*Wir **essen** gerade.*
*Sie **stehen** in der Warteschlange vor der Eisdiele.*

Du kannst es auch für **allgemeingültige Aussagen** verwenden:

*Alle Säugetiere **brauchen** Wasser. Die Lava ist heiß.*
*Das Internet **steckt** voller Wissen.*

Außerdem eignet sich das Präsens, um **zukünftige Ereignisse** zu beschreiben. Hierbei muss allerdings anhand von Hinweiswörtern klarwerden, dass die Zukunft gemeint ist. Solche Hinweiswörter sind zum Beispiel: *später, morgen, bald, nächsten Monat, nächstes Jahr.*

*Ich gehe **nächste Woche** ins Kino. **Später** kommst du mich besuchen.*

Wenn du bei Erzählungen über die Zukunft keines der Hinweiswörter benutzt, ist das Futur I nötig. Das schauen wir uns später an.

**Übung 35:** Die folgenden Sätze stehen im Präsens. Überlege, was beschrieben wird und trage die richtige Ziffer in die Klammer ein.

(1) passiert gerade (2) passiert in der Zukunft (3) ist allgemeingültig

a) Chinesisch ist eine schwierige Sprache. ( )
b) Marina trifft sich morgen mit Anika. ( )
c) Ich gehe entlang des Flussufers. ( )
d) Du bist ein richtiger Schlaufuchs! ( )
e) Können wir morgen in den Zoo gehen? ( )
f) Deutschland ist kleiner als Spanien. ( )
g) Vorsicht, die Nudeln kochen über! ( )
h) Dort landet in dieser Sekunde ein Flugzeug. ( )
i) Nächstes Jahr bin ich ein Jahr älter. ( )
j) Was ist die Hauptstadt von Frankreich? ( )

**Übung 36:** Konjugiere die Verben im Präsens.

| **Infinitiv** | **lernen** | **rufen** | **schmecken** | **lachen** | **fahren** |
|---|---|---|---|---|---|
| 1. Pers. Sing. | | | | | |
| 2. Pers. Sing. | | | | | |
| 3. Pers. Sing. | | | | | |
| 1. Pers. Plur. | | | | | |
| 2. Pers. Plur. | | | | | |
| 3. Pers. Plur. | | | | | |

**Übung 37:** Lies den Text und setze das Verb im Präsens ein. Achte dabei auf die richtige Person. Löst du auch das Rätsel?

**Das Rätsel**

Es ________ (leben) auf einem großen Kontinent, der südlich von Europa ________ (liegen). Wir alle ________ (kennen) dieses Lebewesen. Am Tag ________ (dösen) es meist vor sich hin, denn die Sonne ________ (scheinen) ihm viel zu stark. In der Dämmerung ________ (begeben) es sich dann auf die Jagd. Die Antilopen und Gazellen ________ (müssen) nun vorsichtig sein, weil es mit seinem Rudel sehr schlau ________ (vorgehen). Es ________ (besitzen) scharfe Krallen und Zähne, mit denen es seine Beute ______ (angreifen). Na, ______ (wissen) du schon, nach was wir ______ (suchen)? Nein? Das ______ (machen) doch nichts, denn ich ______ (geben) dir noch einen Tipp: Das Tier ______ (kommen) in vielen Dokumentationen und Filmen über Afrika vor. In einem bekannten Film ______ (heißen) unser gesuchtes Tier Simba und wird später König. Nun ______ (wissen) wir alle, von welcher Raubkatze die Rede ______ (sein). Wir ______ (sprechen) natürlich von dem ______!

---

**Übung 38:** Benenne die Personalform der Verben und leite die Infinitive ab.

a) Ich übe heute für meine Klassenarbeit.

1. Person Singular: üben

b) Gebt ihr mir bitte einen Ratschlag?

______

c) Jemand ruft dort aus der Ferne zu uns herüber.

______

d) Wir entdecken die Welt!

______

e) Du wünschst dir ein schnelles Fahrrad.

______

f) Ihre Eltern sind sehr freundlich.

______

g) Mein Sitznachbar wohnt in derselben Straße wie ich.

______

## 2.2 Präteritum (Vergangenheit)

Das Präteritum ist eine von **drei Zeitformen der Vergangenheit** und wird auch **Imperfekt** genannt. In dieser Zeitform kannst du über **abgeschlossene**, **vergangene Ereignisse** berichten und erzählen. Viele Erzählungen, insbesondere Romane, sind im Präteritum geschrieben. In der gesprochenen Sprache benutzt du hingegen öfter das Perfekt.

Wie du das Präteritum bildest, hängt von der Verbform ab. Wir unterscheiden **schwache**, **starke** und **gemischte** Verben.

**Schwache Verben** konjugierst du **regelmäßig** und hängst die Silbe ***-te*** an den Wortstamm:

*ich lern-**te**, du bau-**test**, er bestell-**te**, wir bezahl-**ten**, ihr hör-**tet**, sie lach-**ten***

**Starke Verben** konjugierst du **unregelmäßig**!
Dabei ändert sich ihr **Stammvokal**:

| | *kommen* | *riechen* |
|---|---|---|
| *ich* | ***kam*** | ***roch*** |
| *du* | ***kam-st*** | ***roch-st*** |
| *er/sie/es* | ***kam*** | ***roch*** |
| *wir* | ***kam-en*** | ***roch-en*** |
| *ihr* | ***kam-t*** | ***roch-t*** |
| *sie* | ***kam-en*** | ***roch-en*** |

**Gemischte Verben** sind eine Mischung aus **starken** und **starken** Verben. Du veränderst ihren **Stammvokal** und hängst die Endung ***-te*** an:

| | *nennen* | *wissen* |
|---|---|---|
| *ich* | *nann-**te*** | *wuss-**te*** |
| *du* | *nann-**test*** | *wuss-**test*** |
| *er/sie/es* | *nann-**te*** | *wuss-**te*** |
| *wir* | *nann-**ten*** | *wuss-**ten*** |
| *ihr* | *nann-**tet*** | *wuss-**tet*** |
| *sie* | *nann-**ten*** | *wuss-**ten*** |

**Übung 39:** Schau dir die Verben in der Wolke an.
Sind die Verben schwach, stark oder gemischt? **Tipp:** Denk an das Präteritum.

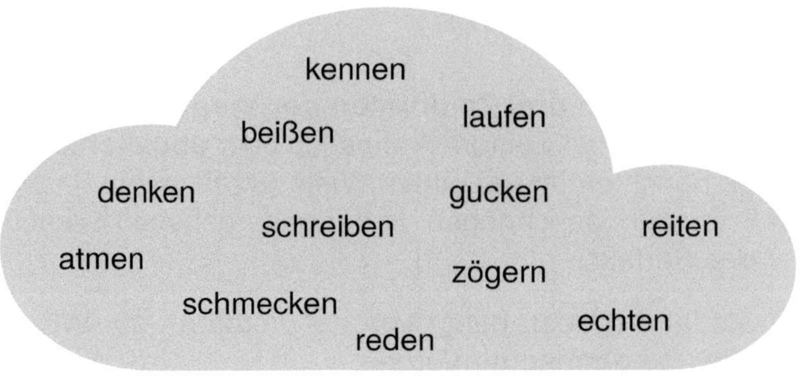

| Verben... | | |
|---|---|---|
| **schwach** | **stark** | **gemischt** |
| | | |

**Übung 40:** Konjugiere die Verben aus der vorherigen Übung im Präteritum.

| Infinitiv | Person | Konjugiere | Person | Konjugiere |
|---|---|---|---|---|
| kennen | 1. P. Sing. | ich kannte | 2. P. Sing. | |
| denken | 1. P. Plur. | | 3. P. Plur. | |
| reden | 3. P. Sing. | | 2. P. Sing. | |
| schmecken | 1. P. Sing. | | 2. P. Plur. | |
| flechten | 3. P. Plur. | | 1. P. Plur. | |
| gucken | 2. P. Sing. | | 3. P. Sing. | |
| laufen | 2. P. Plur. | | 1. P. Sing. | |
| schreiben | 1. P. Plur. | | 3. P. Plur. | |
| reiten | 3. P. Sing. | | 2. P. Sing. | |
| beißen | 3. P. Sing. | | 2. P. Plur. | |
| zögern | 1. P. Sing. | | 1. P. Plur. | |
| atmen | 3. P. Plur. | | 3. P. Sing. | |

**Übung 41:** Wandele die Sätze vom Präsens ins Präteritum um:

a) Mit einer Bügelsäge fällen wir eine Linde, die im Garten steht.

______________________________

b) Anschließend sägt mein Vater den Stamm in dünne Scheiben.

______________________________

c) Meine Freunde hacken die Scheiben in kleine Stücke, ich helfe dabei.

______________________________

d) Daraufhin trocknet das Holz an der frischen Luft.

e) Innerhalb von ein paar Monaten weicht die Feuchtigkeit aus dem Holz.

f) Später beheizen wir damit unser Haus. Der Vorrat reicht für den ganzen Winter.

g) Im Ofen knistert das Holz, hin und wieder knackt und knallt es auch.

h) Die Wärme fühlt sich angenehm an und das Holz riecht so gut.

i) Für jeden gefällten Baum pflanzen wir zwei neue.

j) Das halten wir für eine gute Idee, um die Natur zu schützen.

## 2.3 Perfekt (vollendete Gegenwart)

Mit dem Perfekt beschreibst du ein Geschehen, das zwar **abgeschlossen** (vergangen) ist, das aber bis in die Gegenwart **wirkt**. Die **Folge** ist also noch von **Bedeutung**:

*Ich **habe** mich gestern **erkältet**, weswegen ich heute im Bett liege.*
*Euer Hund **ist** so schnell **gerannt**, dass er jetzt schläft.*

Wenn du **sprichst**, verwendest du das Perfekt auch häufig für abgeschlossene Geschehen, die keinen Bezug mehr zur Gegenwart haben. Du kannst es anstelle des Präteritums verwenden:

*Letztes Jahr **sind** wir in Hamburg **gewesen**.*
*Gestern **habe** ich meinen Geburtstag **gefeiert**.*

Das Perfekt besteht aus **zwei Teilen:**

**Konjugiertes Hilfsverb** (*sein* oder *haben* im Präsens) + **2. Partizip** des Verbs

Die meisten Partizipien beginnen mit der Silbe ***ge-***. Für die Endung musst du (wie beim Präteritum) wissen, ob das Verb **schwach**, **stark** oder **gemischt** ist.

**Schwache Verben** enden auf ***-(e)t***:

*__ge__-lern-__t__, __ge__-bau-__t__, bezahl-__t__, __ge__-hör-__t__, __ge__-lach-__t__, __ge__-pust-__et__, __ge__-brüt-__et__*

**Starke Verben** enden auf ***-en***:

*__ge__-komm-__en__, __ge__-roch-__en__, beschloss-__en__,*
*__ge__-schlaf-__en__, __ge__-noss-__en__, __ge__-schrieb-__en__*

**Gemischte Verben** enden auf ***-t***:

*__ge__-wuss-__t__, __ge__-nann-__t__, __ge__-brach-__t__, __ge__-hab-__t__, __ge__-durf-__t__, __ge__-moch-__t__*

**Übung 42:** Bilde die Partizipien der Verben und schreibe dahinter, ob das Verb **schwach**, **stark** oder **gemischt** ist.

| | | | | | |
|---|---|---|---|---|---|
| a) | sprechen | ____________ ____________ | b) | lachen | ____________ ____________ |
| c) | können | ____________ ____________ | d) | kneten | ____________ ____________ |
| e) | laufen | ____________ ____________ | f) | schlafen | ____________ ____________ |
| g) | fahren | ____________ ____________ | h) | anfassen | ____________ ____________ |
| i) | springen | ____________ ____________ | j) | müssen | ____________ ____________ |
| k) | denken | ____________ ____________ | l) | lesen | ____________ ____________ |

---

**Übung 43:** Lies die Sätze und überlege, welches Hilfsverb richtig ist. Streiche das falsche durch.

**Rätsel**: Erkennst du einen Satz, in dem beide Hilfsverben sinnvoll sein können?

a) Letzt Nacht *bin / habe* ich wegen eines Alptraums heftig erschrocken.

b) Wir *sind / haben* heute zum Bäcker gerannt.

c) Warum *hast / bist* du deine Hausaufgaben vergessen?

d) Ihr *seid / habt* schick angezogen, weil ihr ins Theater geht.

e) Unser Meerschweinchen *ist / hat* groß geworden.

f) Sie *sind / haben* im See geschwommen.

g) Clara *ist / hat* auf dem Eis ausgerutscht.

h) Der Hund *ist / hat* gefroren.

i) Ich *bin / habe* im Park spaziert.

j) Du *hast / bist* mich beim Sport gehetzt.

**Übung 44:** Lies den Text und stell dir vor, es wäre deine Erzählung: Du hast es erlebt! Setze die Verben ins Perfekt, achte auch auf die passenden Hilfsverben.

Heute ________ ich etwas Spannendes ________ (erleben). Ich ________ in einem Kletterpark ________ (sein). Dort ________ viele Kinder und Erwachsene ____________ (klettern), die alle große Ausdauer ____________ (zeigen) ________. Auf dem Gelände ________ es Routen mit unterschiedlichen Schwierigkeitsgraden ____________ (geben). Vor einer davon ________ ich Angst ____________ (haben). Man sollte sich in ein Netz schwingen und anschließend daran hochklettern. Das ________ gefährlich ____________ (aussehen). Aber es konnte nichts passieren, denn ich ________ mich mit einem Karabinerhaken ____________ (sichern). Schließlich ________ ich mich ____________ (überwinden) und ________ einfach ____________ (springen). Das ________ sich toll ____________ (anfühlen): ein Riesenspaß! In dem Kletterpark ________ Papa und ich sicher nicht zum letzten Mal ________ (sein).

**Übung 45:** Ordne die Verben aus **Ü. 44** in die Tabelle ein.

| **Verben...** | |
|---|---|
| **regelmäßig** | **unregelmäßig** |
| | |

## 2.4 Plusquamperfekt (vollendete Vergangenheit)

Mit dem Plusquamperfekt beschreibst du ein Geschehen, das sich noch **vor** ein einem anderen vergangenen Geschehen abgespielt hat. Du kannst es **Vorvergangenheit** nennen. Schau dir zum Verständnis den Zeitstrahl an:

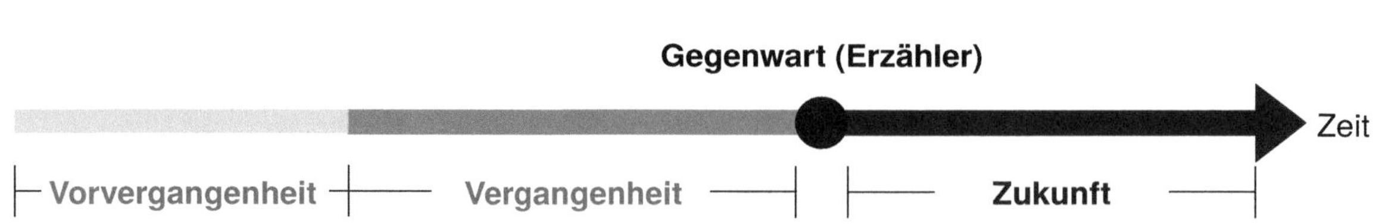

Natürlich gibt es so etwas wie eine Vorvergangenheit nicht wirklich, denn auch sie ist einfach nur die Vergangenheit. Aber stell dir vor, du erzählst von einem vergangenen Ereignis, das sich noch **vor einem anderen vergangenen Ereignis** abgespielt hat. Dann benötigst du das Plusquamperfekt:

***Bevor*** *wir letztes Jahr in den Urlaub fuhren,* ***hatten*** *wir unsere Koffer* ***gepackt****.*
***Nachdem*** *uns die Mannschaft* ***besiegt hatte****, lud sie uns auf eine Limo ein.*

> Wie das Perfekt besteht das Plusquamperfekt aus **zwei Teilen**:
>
> **Konjugiertes Hilfsverb** (*sein* oder *haben* im **Präteritum**) + **2. Partizip** des Verbs
>
> Es gibt einige **Signalwörter**, die auf das Plusquamperfekt hinweisen können:
>
> *bevor, nachdem, wenn, ehe, bis, nach, als, vor, erst, weil, zuvor, vorher*

**Übung 46:** Wandle die Sätze ins Plusquamperfekt um.

a) Ich bin zur Tür gelaufen. ____________________
b) Du hast das Spiel gewonnen. ____________________
c) Sie erschrak. ____________________
d) Wir feierten eine Party. ____________________
e) Ihr habt Saft getrunken. ____________________
f) Sie lasen ein Buch. ____________________
g) Er aß ein Stück Fleisch. ____________________
h) Nina fürchtet sich. ____________________
i) Habt ihr Fußball gespielt? ____________________
j) Wer ist das? ____________________
k) Warum schreit ihr so? ____________________

---

**Übung 47:** Welcher Satz ist korrekt? Mache einen Haken hinter den einen Richtigen und unterstreiche das Signalwort.

**Tipp**: Denk an die Zeitfolge.

a) Bevor wir nach draußen gingen, hatten wir unsere Hausaufgaben gemacht.
Bevor wir nach draußen gingen, machten wir unsere Hausaufgaben.
Bevor wir nach draußen gegangen waren, hatten wir unsere Hausaufgaben gemacht.

| | |
|---|---|
| b) | Während er den Film sah, trank er einen Tee.<br>Während er den Film gesehen hatte, trank er einen Tee.<br>Während er den Film sah, hatte er einen Tee getrunken. |
| c) | Sie wuschen ihr Auto, nachdem sie durchs Gelände gefahren waren.<br>Sie wuschen ihr Auto, nachdem sie durchs Gelände fuhren.<br>Sie hatten ihr Auto gewaschen, nachdem sie durchs Gelände fuhren. |
| d) | Als es zu regnen begann, hattest du deinen Regenschirm geöffnet.<br>Als es zu regnen begann, öffnetest du deinen Regenschirm.<br>Als es zu regnen begonnen hatte, hattest du deinen Regenschirm geöffnet. |
| e) | Ich hatte mir ein Fahrrad gekauft, weil ich zuvor genügend Geld sparte.<br>Ich kaufte mir ein Fahrrad, weil ich zuvor genügend Geld sparte.<br>Ich kaufte mir ein Fahrrad, weil ich zuvor genügend Geld gespart hatte. |

**Übung 48:** Vervollständige die Urlaubsgeschichte: Wähle Präteritum oder Plusquamperfekt.

Im letzten Monat ______________ (reisen) Alicia und ihr Freund Hannes nach Ägypten, um die alten Pyramiden in Gizeh zu bestaunen. Bereits ein Jahr zuvor ______________ sie den Urlaub ______________ (buchen). Am ersten Urlaubstag ______________ sie morgens Pfannkuchen ______________ (frühstücken), bevor sie auf Dromedaren zu den majestätischen Pyramiden ______________ (aufbrechen). Das ______________ (sein) ein ziemlich wackliger Ritt, der Hannes‘ Blase zu schaffen ______________ (machen). Warum ______________ er beim Frühstück auch bloß so viel Saft ______________ (trinken)? Es ______________ (werden) so dringend, dass er den Ritt unterbrechen ______________ (müssen). Sowie das Dromedar ______________ (anhalten), ______________ (rennen) Hannes los, um sich zu erleichtern. Aber wohin? Er ______________ (fragen) einen Einheimischen, wo eine Toilette sei. Doch es ______________ (scheinen) aussichtslos, niemand ______________ (können) ihm helfen. Und nachdem es noch dringender ______________ ______________ (werden), ______________ (erleichtern) sich Hannes hinter einer Düne. Puh, zum Glück ______________ (gehen) das gerade noch mal gut! Anschließend ______________ (steigen) er zurück auf das Dromedar und ______________ (reiten) mit Alicia zur Cheops-Pyramide.

## 2.5 Futur I (Zukunft)

Mit dem Futur I erzählst du über **zukünftige Geschehnisse** oder **Ereignisse**. Du kannst damit auch Vorhersagen machen, zum Beispiel über das Wetter:

*Morgen **wird** die Sonne **scheinen**!*
*Im nächsten Jahr **werde** ich die Schule **beenden**.*

> Das Futur I bildest du ganz einfach:
>
> **Konjugiertes Hilfsverb** (*werden* im Präsens) + **Infinitiv des Verbs**
>
> Folgende **Signalwörter** deuten auf das Futur I hin:
>
> *morgen, übermorgen,*
> *nächste Woche, nächsten Monat, nächstes Jahr,*
> *in ein paar Tagen, eines Tages, irgendwann, später*

**Übung 49:** Wandle die Sätze ins Futur I um.

a) Du warst müde. ______________________
b) Mein Opa besucht uns. ______________________
c) Wir sind nach Hause gefahren. ______________________
d) Ich war begeistert gewesen. ______________________
e) Ihr kamt zu spät. ______________________
f) Hatte sie gute Laune? ______________________
g) Esst auf! ______________________
h) Kann er uns helfen? ______________________

---

**Übung 50:** Bilde das Futur I.

a) Wenn ich zu spät ins Bett gehe, ____________ ich morgen ____________ (verschlafen).

b) Morgen ____________ die Sonne ____________ (scheinen): Es ____________ 30°C ____________ (sein).

c) Deine Freunde ____________ dich später ____________ (besuchen) kommen.

d) Eines Tages ____________ sie Lehrerin ____________ (werden).

e) Nächsten Monat ______________ wir meinen Geburtstag ______________ (feiern).

f) ______________ ihr euch einen Hund ______________ (anschaffen)?

g) Ich ______________ morgen früh ______________ (aufstehen), weil wir einkaufen gehen ______________ (werden).

# 3 Sätze und ihre Glieder

## 3.1 Wie du Sätze gliederst

Mit **Satzgliedern** wollen wir **Sätze** in Glieder **unterteilen**, indem wir Wörter zu **Wortgruppen** zusammenfassen. Das gelingt nicht immer, weshalb ein Satzglied auch aus einem **einzigen Wort** bestehen kann.

> Ein Satz besteht mindestens aus den beiden Gliedern **Subjekt** (S) und **Prädikat** (P). Beispiele:
>
> *Lola* (S) *rennt.* (P) *Du* (S) *isst.* (P) *Meine Freundin* (S) *flüstert.* (P)
>
> *Der Hund meines Nachbarn* (S) *knurrt.* (P)

Insbesondere bei langen Sätzen brauchst du eine **Methode**, um die Satzglieder zu erkennen:

**Umstellprobe**:
Mit der Umstellprobe stellst du den Satz so um, dass der **Sinn erhalten** bleibt. Der Satz bleibt manchmal nur dann sinnvoll, wenn du ganze Wortgruppen umstellst. Übrig bleiben die **festen Bestandteile** des Satzes: die Satzglieder.

**Version 1:** *Lola / rennt / gerade / mit ihrer neuen Freundin / zum örtlichen Kiosk.*
**Version 2:** *Gerade / rennt / Lola / mit ihrer neuen Freundin / zum örtlichen Kiosk.*
**Version 3:** *Zum örtlichen Kiosk / rennt / Lola / gerade / mit ihrer neuen Freundin.*

**Ersatzprobe**:
Mit der Ersatzprobe ersetzt du Wortgruppen durch einzelne Wörter:

***Der Hund meines Nachbarn*** */ fletschte / gestern / seine Zähne.*
***Er*** */ fletschte / gestern / seine Zähne.*
*Lola / rennt / gerade /* ***mit ihrer neuen Freundin / zum örtlichen Kiosk.***
*Lola / rennt / gerade /* ***mit ihr / dorthin.***

**Übung 51:** Gliedere die Sätze mit einem „ / “ und stelle jeden Satz einmal um.

a) Am Vormittag fangen vier freundliche Fischer fünf frische Forellen.

______________________________________________

b) Der bärtige Bauer baut liebend gern Rote Beete an.

______________________________________________

c) Gestern Nachmittag bist du mit deinem Bruder ins Schwimmbad gefahren.

______________________________________________

d) Mein Nachbar, sein Freund und ich gehen morgen früh gemeinsam zum Bus.

______________________________________________

e) Am Flussufer wartet ein gigantischer Grizzlybär auf vorbeischwimmende Lachse.

______________________________________________

f) Der Baikalsee in Sibirien ist mit über 1.600 Metern Tiefe der tiefste See der Erde.

______________________________________________

## 3.2 Subjekt und Prädikat

**Subjekt** und **Prädikat** findest du in jedem **vollständigen Satz**. Das **Subjekt** kannst du mit den Fragewörtern ***wer*?** oder ***was*?** ermitteln. Erinnerst du dich an den **Nominativ-Fall**? Im Nominativ-Fall fragst du nach dem Subjekt:

| | | |
|---|---|---|
| ***Dein Vater** kann gut kochen.* | ***Wer*** kann gut kochen? | ***Dein Vater.*** |
| *Auf dem Boden liegen **Krümel**.* | ***Was*** liegt auf dem Boden? | ***Krümel**.* |

### Subjekt

Das Subjekt kann nur ein Wort sein oder aus mehreren Wörtern bestehen.

| | |
|---|---|
| Nomen: | ***Leonie** lernt fleißig.* |
| Pronomen: | ***Wir** trinken gern Erdbeermilch.* |
| Artikel + Nomen: | ***Die Katze** fängt eine Maus.* |
| Pronomen + Nomen: | ***Mein Auge** juckt.* |
| Art. + Adj. + Nomen: | ***Eine junge Dame** gewann das Schachturnier.* |
| Lange Wortgebilde: | ***Der aus der Serie bekannte Schauspieler** ist pleite.* |

Übrigens: Lange Wortgebilde sind nicht schön, du solltest solche **vorangestellten Attribute** vermeiden. Das vorangestellte Attribut ist die Beschreibung „*aus der Serie bekannte*“.

## Prädikat

Das Prädikat beschreibt, was das Subjekt **tut**. Der Satz erhält dadurch eine **Aussage** und wird **lebendig**, denn du regst mit dem Prädikat die Vorstellung des Lesers an:

*Ein Kaninchen **hoppelt** übers Feld. Die Sirene **ertönte** und alle **sprangen** von den Stühlen **auf**. Der Junge **freut** sich über das Geschenk. Das Wasser **brauste** durch den Fluss. Meine Gedanken **rasten**.*

Nach dem Prädikat fragst du mit: **Was** geschieht/passiert? Oder: **Was** macht das Subjekt? In einem Aussagesatz ist das **einteilige Prädikat** immer das **zweite Satzglied:**

*Lea/**schreibt**/ihrem Nachbarn/einen Liebesbrief.*
*Ihrem Nachbarn/**schreibt**/Lea/einen Liebesbrief.*

Nur in einer Frage **ohne Fragewort** und in der **Befehlsform** wandert das Verb nach **vorn**:

***Besuchst** du mich heute? **Treffen** wir uns morgen?*
***Denk** doch mal nach!*

Ein Prädikat kann auch **mehrteilig** sein und einen **Verbzusatz** oder ein **Hilfsverb** haben. Dabei wird oft ein Teil des Satzes eingeschlossen: Das nennen wir eine **Verbklammer**.

*Daniel **schaltet** die Taschenlampe an seinem Handy **an**.* — Verbklammer — Verb: anschalten, Verbzusatz: an

*Ich **bin** heute morgen zum Bus **gerannt**.* — Verbklammer — Verb: rennen, Hilfsverb: sein

---

**Übung 52:** Unterstreiche Subjekt, Prädikat und Verbklammer (falls vorhanden) und nenne den Infinitiv. Tipp: Denk daran, dass Prädikate manchmal mehrteilig sind.

**Infinitiv:**

a) Der Bürgermeister lud die Kinder zu sich ins Rathaus ein. ____________

b) Morgen startet eine Rakete zur Internationalen Raumstation. ____________

c) Nächstes Jahr werden sie nach Griechenland fliegen. ____________

d) Gestern habe ich mir meinen kleinen Zeh an der Tür gestoßen. ____________

e) Mein bester Freund läuft gerade seinem Hund hinterher. ____________

f) Vor Schreck ließ mein Vater seine Schlüssel fallen. ______________

g) Ihr werdet später allesamt Erfolg haben! ______________

h) Der Lack blättert an vielen alten Autos ab. ______________

---

**Übung 53:** Vervollständige die kurzen Sätze, die nur aus Subjekt und Prädikat bestehen.

| **Subjekte**: | | **Prädikate**: | |
|---|---|---|---|
| der Bär | Der Einbrecher | summen | fließt |
| Das Flugzeug | Die nassen Reifen | wird eingestellt | Denkst nach |
| Er und sein Team | deine Kopfhaut | krächzt | heult auf |

a) Wasser ______________.

b) ______________ wird eingesperrt.

c) Brummt ______________?

d) Die Bienen ______________.

e) ______________ fliegt.

f) Die Mitarbeiterin ______________.

g) ______________ quietschen.

h) ______________ du ______________?

i) Der Rabe ______________.

j) ______________ geben auf.

k) Juckt ______________?

l) Der Motor ______________.

---

**Übung 54:** Markiere die **Verbklammer** in den Sätzen und unterstreiche den **Verbzusatz**.

a) Mein Vater hat die Wäsche in unserem Garten aufgehängt.

b) Bei ihrer Fahrradtour kamen Marie und Sandra an vielen Gärten vorbei.

c) Fällt dir heute nichts Besonderes an mir auf?

## 3.3 Objekt

Subjekt und Prädikat findest du in jedem deutschen Satz. Oft kommt ein weiteres Satzglied hinzu: **das Objekt.** Es wird entweder **vom Verb gefordert** oder ist eine **sinnvolle Ergänzung** für den Satz:

*Ich hänge auf ...* ***Was*** **hängst du auf?** *Ich hänge* ***die Wäsche*** *auf.*

Ohne den Zusatz, **was** ich aufhänge, hat der Satz keinen Sinn.

*Wir sprechen ...* **Mit** ***wem*** **sprechen wir?** *Wir sprechen* ***mit Freunden.***

Die **drei Objektarten** erkennst du mithilfe der Fälle **Genitiv, Dativ** und **Akkusativ**.

**Genitivobjekt**: Erfragst du mit *wessen*?

*Der Mann war* ***des Einbruchs*** *angeklagt. Wir bedienen uns* ***vieler Worte.***

**Wessen** ist der Mann angeklagt? Des Einbruchs. **Wessen** bedienen wir uns? Vieler Worte.

---

**Dativobjekt**: Erfragst du mit *wem*?

*Er ist* ***ihr*** *treu geblieben. Wir wollen* ***deiner Familie*** *helfen.*

**Wem** ist er treu geblieben? Ihr. **Wem** wollen wir helfen? Deiner Familie.

---

**Akkusativobjekt**: Erfragst du mit *wen* oder *was*?

*Sie begrüßen* ***ihre Gäste.*** *Ihr wünscht euch* ***ein Haustier.***

**Wen** begrüßen sie? Ihre Gäste. **Was** wünscht ihr euch? Ein Haustier.

Manchmal sind **mehrere Objekte in einem Satz** notwendig. Es hängt vom **Verb** ab, wie viele und welche Objekte vorkommen:

*Ich schenke* ***meinem Bruder*** ***eine bunte Tüte.***

***Dativobjekt*** (meinem Bruder) ***Akkusativobjekt*** (eine bunte Tüte)

**Präpositionalobjekt**: Dativ- oder Akkusativobjekte sind manchmal mit einer Präposition verbunden. Um sie zu erkennen, musst du das Fragewort mit der Präposition kombinieren, die im Satz auftaucht. Beispiel:

*Ich freue mich **über dein Geschenk!***
**Über was / Worüber freue** ich mich? Über **dein Geschenk.** → Akkusativobjekt

---

**Übung 55:** Beantworte die folgenden Fragen.

a) Welche Objektarten gibt es? ____________________

b) Wie lauten die Fragewörter beim...

Genitivobjekt? ____________

Akkusativobjekt? ____________

Dativobjekt? ____________

Präpositionalobjekt Akkusativ (von)? ____________

---

**Übung 56:** Vervollständige die Sätze mit den richtigen Objekten aus der Wolke. Einige Objekte passen in mehreren Sätzen. Überlege, wo sie am sinnvollsten sind.

a) Ich mag ____________________.

b) Er entledigte sich endlich ____________________.

c) Wie geht es ____________________ heute?

d) Der Detektiv ist ____________________ gestoßen.

e) Traut ihr ____________________ das nicht zu?

f) Der Hund bellt ____________________ an.

g) Die Frau ist sich ____________________ bewusst.

h) Das Mädchen schenkte uns ____________________.

**Übung 57:** Notiere die Objektart aus **Ü. 56** und schreib die passende Frage auf.

| | **Objektart** | **Fragesatz + Antwort** |
|---|---|---|
| a) | Akkusativobjekt | Wen mag ich? Dich. |
| b) | | |
| c) | | |
| d) | | |
| e) | | |
| f) | | |
| g) | | |
| j) | | |

**Übung 58:** Unterstreiche die richtige Präposition und schreib die passende Frage auf. **Tipp**: Denk daran, dass die Präposition mit zum Objekt gehört.

a) Der Läufer ist **über/unter/auf** mehrere Hürden gesprungen.

Frage: ______________________ Objektart: __________

b) Ich bin **in/auf/gegen** eine interessante Information gestoßen.

Frage: ______________________ Objektart: __________

c) Gestern fuhren wir **bei/an/zu** euren Eltern.

Frage: ______________________ Objektart: __________

d) **Für/Bei/Mit** ihrem Hund solltest du vorsichtig sein!

Frage: ______________________ Objektart: __________

**Übung 59:** In folgendem Text kommt alles zusammen. Lies ihn und markiere die **Subjekte** (rot), **Prädikate** (blau) und **Objekte** (grün).

**Der Fallschirmsprung**

(1) Heute ist Niklas aufgeregt. (2) Er wird einen Fallschirmsprung aus 4.000 Metern Höhe absolvieren. (3) Er hat sich seit mehreren Wochen darauf gefreut, nun wird es ernst. (4) Zuerst bereitet ihn sein Sprungbegleiter angemessen auf den Sprung vor. (5) Natürlich springt Niklas nicht allein, sondern mit einem erfahrenen Springer. (6) Ein solcher Sprung heißt Tandemsprung. (7) Die Vorbereitungen sind nun abgeschlossen. (8) Sie starten mit einem kleinen Propellerflugzeug in südliche Richtung. (9) Kreisend fliegt das Flugzeug immer höher und höher. (10) Die

gewünschte Flughöhe von 4.000 Metern ist jetzt erreicht! (11) Der Himmel ist wolkenlos. (12) Plötzlich öffnet der Pilot die Seitenklappe des Flugzeugs. (13) Niklas und sein Begleiter sitzen auf der Kante. (14) Ihre Beine baumeln bereits in der Luft. (15) Es geht los. (16) Das Flugzeug hat sich ihrer entledigt. (17) Die beiden Springer befinden sich 50 Sekunden lang im freien Fall. (18) Der Boden kommt immer näher. (19) Und da zieht der Sprungbegleiter an einem Griff. (20) Der Fallschirm öffnet sich schlagartig und (21) das Tandem nähert sich langsam dem Boden. (22) Nach fünf Minuten ist es geschafft. (23) Niklas und sein Begleiter landen munter auf einer Wiese. (24) Das war vielleicht ein Abenteuer!

---

**Übung 60:** Übe noch einmal die Umstellprobe.
Stelle die folgenden Sätze jeweils dreimal um.

a) „Zuerst bereitet ihn sein Sprungbegleiter angemessen auf den Sprung vor.“
Version 1: ______
Version 2: ______
Version 3: ______

b) „Sie starten mit einem kleinen Propellerflugzeug in südliche Richtung.“
Version 1: ______
Version 2: ______
Version 3: ______

c) „Die beiden Springer befinden sich 50 Sekunden lang im freien Fall.“
Version 1: ______
Version 2: ______
Version 3: ______

d) „Niklas und sein Begleiter landen munter auf einer Wiese.“
Version 1: ______
Version 2: ______
Version 3: ______

# 3.4 Adverbiale Bestimmung

Jetzt hast du schon ein gutes Gefühl für den Satzbau, denn du kennst bereits die wichtigen Satzglieder **Subjekt**, **Prädikat** und **Objekt**. Eines fehlt aber noch: die **adverbiale Bestimmung.** Im Gegensatz zu den vorherigen Satzgliedern ist die adverbiale Bestimmung für die Grammatik **nicht notwendig**. Du kannst sie also wegstreichen und der Satz behält seinen **Sinn**. Trotzdem sind adverbiale Bestimmungen für das **Verständnis** wichtig, da sie hilfreiche Details enthalten. Zum Beispiel:

*Ich habe meinen Bruder **vom Bahnhof** abgeholt.*
**Wo** habe ich ihn abgeholt? → ***vom Bahnhof***

Der Satz funktioniert zwar auch ohne den Zusatz „vom Bahnhof", aber es ist ein wissenswertes Detail, das den Zuhörer oder Leser interessieren könnte. Wir unterscheiden **vier Arten** von adverbialen Bestimmungen, die du mit **Fragewörtern** erkennst.

### Adverbiale Bestimmung der Zeit

Mit der adverbialen Bestimmung der Zeit (temporal) benennst du die **Zeit** eines Geschehens. Du erfragst sie mit: *wann?, wie oft?, wie lange?*

| | | |
|---|---|---|
| ***Gestern** war es stürmisch.* | → Wann? | → *gestern* |
| *Pia treibt **dreimal pro Woche** Sport.* | → Wie oft? | → *dreimal pro Woche* |

### Adverbiale Bestimmung des Ortes

Mit der adverbialen Bestimmung des Ortes (lokal) beschreibst du den **Ort**, die **Herkunft** oder die **Richtung** eines Ereignisses. Du erfragst sie mit: *wo?, woher?, wohin?*

| | | |
|---|---|---|
| *Der Zettel liegt **auf dem Schreibtisch.*** | → Wo? | → *auf dem Schreibtisch* |
| *Das Flugzeug kommt **aus der Schweiz.*** | → Woher? | → *aus der Schweiz* |

### Adverbiale Bestimmung des Grundes

Die adverbiale Bestimmung des Grundes (kausal) benutzt du, um eine **Absicht**, eine **Ursache** oder einen **Grund** zu nennen. Du entdeckst sie mit den Fragewörtern: *wieso?, weshalb?, warum?, wozu?*

| | | |
|---|---|---|
| ***Aus Freude** bin ich in die Luft gesprungen.* | → Warum? | → *aus Freude.* |
| *Ich treibe Sport, **um gesund zu bleiben*** | → Warum? | → *um gesund zu bleiben.* |

## Adverbiale Bestimmung der Art und Weise

Mit der adverbialen Bestimmung der Art und Weise (modal) erklärst du, wie oder unter welchen **Umständen** sich ein Geschehen abspielt. Dir helfen die Fragen: *wie?, auf welche Art und Weise?*

| | | |
|---|---|---|
| *Der Mann geht* ***gebückt.*** | → Auf welche Weise? | → *Gebückt.* |
| *Der Baum duftet* ***nach Nadeln.*** | → Wie? | → *Nach Nadeln.* |

**Übung 61:** Notiere die passenden Fragewörter zur jeweiligen adverbialen Bestimmung:

Kausal: ________________________________

Lokal: ________________________________

Modal: ________________________________

Temporal: ________________________________

---

**Übung 62:** Erkennst du die adverbialen Bestimmungen? Unterstreich sie und benenne die Art.

a) Morgen schlafe ich aus.

Adverbiale Bestimmung... ________________________

b) Mich rempelt jemand heftig an.

Adverbiale Bestimmung... ________________________

c) Bayern liegt im Süden Deutschlands.

Adverbiale Bestimmung... ________________________

d) Ich tröste meine Freundin aus Mitleid.

Adverbiale Bestimmung... ________________________

e) Hol mir bitte die Butter aus dem Kühlschrank.

Adverbiale Bestimmung... ________________________

f) Sie umarmten sich fünf Minuten lang.

Adverbiale Bestimmung... ________________________

g) Die Dame geht voller Stolz die Straße entlang.

Adverbiale Bestimmung... ________________________

Adverbiale Bestimmung... ________________________

h) Wegen deiner frechen Bemerkung bin ich sauer!

Adverbiale Bestimmung... ________________________

Adverbiale Bestimmung... ________________________

**Übung 63:** Formuliere nun die passenden Fragen zu den Sätzen aus der vorherigen Übung. **Tipp**: Denk an die Fragewörter und schreibe den ganzen Satz auf.

| | **Frage/n**: | **Antwort**: |
|---|---|---|
| a) | Wann schlafe ich aus? | Morgen! |
| b) | | |
| c) | | |
| d) | | |
| e) | | |
| f) | | |
| g) | | |
| | | |
| h) | | |
| | | |

# Notizen

# 4 Rechtschreibung

## 4.1 Groß- und Kleinschreibung

Damit ein Satz möglichst **übersichtlich** ist, schreibst du manche Wörter groß und manche klein. Dadurch fällt das Lesen leichter, denn du liest einen Satz **nicht Wort für Wort**, sondern fasst mit deinen Augen **Wortgruppen** zusammen. Übrigens heißen Großbuchstaben **Majuskel** und Kleinbuchstaben **Minuskel**. Witzige Wörter, oder?

**Was du großschreibst:**

**Satzanfänge**

*__W__ir essen erst. __D__anach spielen wir.*

**Das erste Wort der wörtlichen Rede oder nach einem Doppelpunkt**
(bei geschlossenen Sätzen)

*Die Schülerin sagt: „__I__ch bin müde!“*
*Schau mal: __D__ort lauert ein Luchs.*

**Das erste Wort einer Überschrift oder Anpreisung**
(auch wenn der Satz nicht abgeschlossen ist)

*__E__in Gedicht über meine Freunde*
*__D__er Liebesbrief*
*__N__eu im Kino*

**Höfliche Anredepronomen**
Wenn du eine Erwachsene oder einen Erwachsenen nicht (oder nicht so gut) kennst, **siezt** du die Person. Das ist höflich! Erst wenn dir die Person das Du anbietet, solltest du sie duzen. Die **Höflichkeitsanrede** und ihre **Pronomen** (vom Fall abhängig) lauten: *Sie, Ihnen, Ihr, Ihre, Ihrem, Ihren*.

*Entschuldigung, stehen __Sie__ hier auch an?*
*Darf ich __Ihnen__ helfen?*
*__Ihr__ Hund ist schön!*

**Namen und Eigennamen**

*__J__ulia __J__ürgens, __P__atrick, __F__rankfurt, __N__orwegen, __Z__ugspitze, __S__tarnberger __S__ee, __A__tlantischer __O__zean*

**Nomen**
Sie werden häufig von Artikeln, Pronomen oder Adjektiven **begleitet**:

*die große __W__ohnung, der hohe __T__urm, mein __G__eld, deine __T__asche*

Nomen **enden** oft auf: *-heit, -keit, ling, -nis, -sal, -schaft, -tum, -ung*

*die Übel__keit__, die Schön__heit__, das Ärger__nis__, die Mann__schaft__*

Wenn Nomen alleine stehen, kannst du die **Nomen-Probe** machen und einen **Artikel davor setzen**:

*Ich habe __H__unger und __D__urst!* → Nomen-Probe: ***der*** *Hunger,* ***der*** *Durst*

*Du hast __F__reude im __L__eben.* → Nomen-Probe: ***die*** *Freude,* ***das*** *Leben*

*Er ist __I__ngenieur und __A__rzt.* → Nomen-Probe: ***der*** *Ingenieur,* ***der*** *Arzt*

**Was du noch großschreibst**:

**Nominalisierungen**
Wenn **Verben zu Nomen** werden, musst du sie großschreiben. Du solltest zweimal überlegen, ob du ein Verb wirklich groß schreiben willst, weil der **Nominalstil** oft unnötig ist. Zum Beispiel:

*Das Kind ist am __S__pielen.* → Schöner: *Das Kind spielt gerade.*

*Warum magst du das __L__esen?* → Schöner: *Warum liest du gern?*

Hin und wieder sind **nominalisierte Adjektive** jedoch eine gute Wahl. Sie werden großgeschrieben, wenn vor ihnen ein Artikel steht:

*Dein Brief war das __S__chönste, was ich dieses Jahr gelesen habe!*
*Sie ist echt die __K__lügste.*

**Aber Vorsicht:**
Wenn sich das Adjektiv auf ein Nomen bezieht, schreibst du es trotz des Artikels klein:

*Die großen __Menschen__ sehen im Kino mehr von der Leinwand als die __kleinen__.*

*Ich mag die roten __Fruchtgummis__ lieber als die __grünen__.*

**Was du kleinschreibst:**

**Alle anderen Wörter, die keine Nomen oder nominalisierten Verben bzw. Adjektive sind**

| | |
|---|---|
| Präpositionen: | *am, im, auf, unter* |
| Konjunktionen: | *weil, da, ob, dass* |
| Artikel: | *der, die, das, ein* |
| Pronomen: | *ich, du, er, sie* |

**Anredepronomen**
Wenn du eine Person duzt, schreibst du die **Anredepronomen** in der Regel **klein**:

*du, dein, dir, dich, euer, euch, eu(e)re, ihr*

In einem **Brief** oder einem **persönlichen Anschreiben** kannst du sie auch großschreiben. Hauptsache, du verwendest in deinem Text eine **einheitliche Schreibweise,** um deine Empfängerin bzw. deinen Empfänger nicht zu verwirren.

**Adjektive im Superlativ mit der Präposition am**

*am schnellsten, am kleinsten, am frechsten, am nettesten*

---

**Übung 64:** Markiere, was du groß (g) und was klein (k) schreibst.

a) Nomen und Eigennamen ( )
b) Nominalisierungen ( )
c) Artikel ( )
d) Höfliche Anredepronomen ( )
e) Konjunktionen ( )
f) Präpositionen ( )
g) Satzanfänge ( )
h) Anredepronomen ( )

**Übung 65:** Welche Verben und Adjektive könnten mit einer typischen Endung zu einem Nomen werden? Verbinde mögliche Kombinationen und schreibe die Nomen richtig auf.

**Verben und Adjektive** **Endungen**

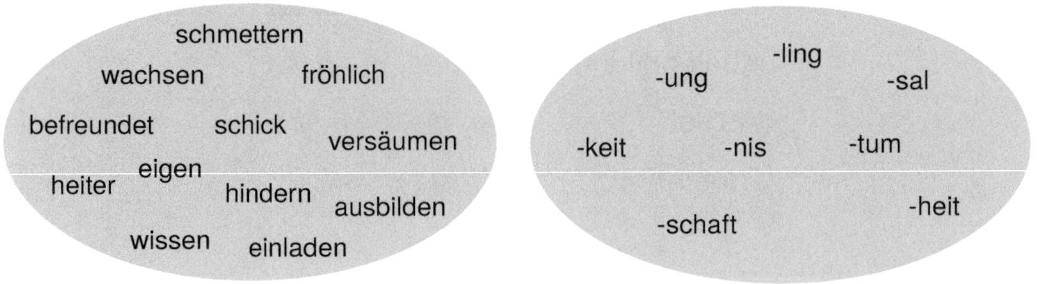


**Übung 66:** Lies den Text und unterstreiche die Anfangsbuchstaben aller Wörter, die großgeschrieben werden. Schreib danach alle Nomen mit ihrem bestimmten Artikel auf.

DAS GEHIRN IST VIELLEICHT DAS WICHTIGSTE ORGAN IN UNSEREM KÖRPER. ES STEUERT ALLES, WAS WIR TUN. AUßERDEM SPEICHERN WIR DARIN INFORMATIONEN, UND ZWAR IM GEDÄCHTNIS. MONA KANN SICH DINGE AM BESTEN MERKEN, WENN SIE SIE ERST AUFSCHREIBT UND DANN LAUT VORLIEST. DURCH MEHRFACHE WIEDERHOLUNG PRÄGT SIE SICH DIE INFORMATIONEN AM SCHNELLSTEN EIN UND KANN SIE SPÄTER MIT LEICHTIGKEIT ABRUFEN. MANCHMAL ÄRGERT SIE SICH, WENN SIE EIN SCHWIERIGES WORT NICHT SOFORT VERSTEHT UND ES ANFANGS NICHT AUSSPRECHEN KANN. ABER DAS IST NUR VON KURZER DAUER, DENN SIE WEIß, WIE WICHTIG REGELMÄßIGES ÜBEN IST. MORGEN SCHREIBT IHRE KLASSE EIN DIKTAT. DAS THEMA IST DIE GROß- UND KLEINSCHREIBUNG. DAFÜR LERNT SIE DEN GANZEN NACHMITTAG MIT IHRER GROßEN SCHWESTER KIRA, WEIL DIE FLEIßIGEN SCHÜLERINNEN UND SCHÜLER WENIGER FEHLER MACHEN ALS DIE FAULEN. UND TATSÄCHLICH: ES HAT SICH GELOHNT. MONA SCHREIBT ALS EINZIGE EINE EINS. IHR LEHRER IST BEGEISTERT UND SAGT: „GLÜCKWUNSCH MONA, DU WARST DIE BESTE.“

**Übung 67:** Formuliere die folgenden Sätze so um, dass die nominalisierten Verben verschwinden. **Tipp**: Nutze die Verben als Tätigkeitswörter, so vermeidest du den Nominalstil.

a) Ich mag das Laufen und Springen.

Ich laufe und springe gern.

b) Das Befolgen von Regeln ist wichtig.

c) Uns hilft das Beherrschen von Fremdsprachen.

d) Wir wollen euch beim Lernen helfen.

e) Das Rennen im Schwimmbad ist untersagt.

f) Ihm fällt das Schweigen sehr schwer.

g) Was magst du am Verreisen?

h) Zu viele Abgase führen zur Zerstörung des Klimas.

i) Das Klettern auf Bäume kann gefährlich sein.

j) Manche Menschen beherrschen weder das Lesen noch das Schreiben.

**Übung 68:** Vervollständige den höflichen Brief: Achte auf die höflichen Anredepronomen.

**Darf ich Ihren Hund mal ausführen?**

Lieber Herr Nachbar,

______________ wohnen schon eine ganze Weile neben uns. Fast jeden Tag sehe ich ______________ schönen Schäferhund. Ich habe mich gefragt, ob ich ihn mal ausführen dürfte? Ich verspreche ______________ auch, sehr lieb mit ______________ Schäferhund umzugehen. Wenn ______________ mir vorher erklären, worauf ich zu achten habe, werde ich ______________ nicht enttäuschen. Ich habe bemerkt, dass er von ______________ wohlerzogen wurde und auf ______________ Kommandos hört. Denken ______________, er würde mir ebenso gehorchen? Am besten, ich schließe mich zunächst einem ______________ Spaziergänge an, wenn das für ______________ in Ordnung ist. Ich freue mich auf ______________ Antwort und wünsche ______________ einen angenehmen Tag!

Lieber Gruß, ______________ Nachbar/in ______________

## 4.2 Die Aussprache von Vokalen

Wörter können **kurze** und **lange** Vokale haben. Kurze Vokale sprichst du **scharf**, lange Vokale hingegen **gedehnt** aus. Einen gedehnten Vokal **betonst du länger** als einen scharfen – so einfach ist das.

Scharf: *Kuss, Frosch, Strand, bald, Angst, rollen*

Gedehnt: *Hof, Bär, Floß, Pol, rufen, fahren*

### Kurze Vokale

Wie du Vokale korrekt aussprichst, verraten dir (meistens) die **Konsonanten**. Nach einem **kurzen**, **scharfen** Vokal folgen in der Regel **zwei Konsonanten**, die **verschieden** oder **doppelt** sind:

**Verschieden**: *Pfu**nd**, Be**rg**, A**lm**, Pu**ls***

**Doppelt**: *mü**ss**en, flo**tt**, Ba**ll**, bru**mm**en, E**bb**e*

Manchmal folgen dem kurzen Vokal sogar **drei gleiche Konsonanten**. Für eine bessere Leserlichkeit kannst du solche Wörter mit einem Bindestrich trennen (es ist dir freigestellt):

*Schifffahrt, Schritttempo, Nussschokolade → Schiff-Fahrt, Schritt-Tempo, Nuss-Schokolade*

1. **Besonderheit**: Die doppelten Konsonanten ***kk*** und ***zz*** kommen **nur in Fremdwörtern** vor. In deutschen Wörtern benutzen wir die Kombinationen ***ck*** und ***tz***:

   **Fremdwörter**: *Akku, Brokkoli, Puzzle, Nizza*

   **deutsche Wörter**: *glitzern, spitz, Acker, Bock*

2. **Besonderheit**: Dem kurzen Vokal können auch typische Laute folgen (*-sch, -ch, -chs, -ng*), die teilweise mehr als zwei Konsonanten haben:

   *Dachs, Busch, klingeln, Ochse, Koch*

   > **Vorsicht** beim Laut **-ch**: Dieser wird bei vielen Wörtern lang gesprochen: *Buch, Hauch, Fluch, reich*

**Lange Vokale**

Lange, gedehnte Vokale erkennst du daran, dass ihnen meist nur **ein Konsonant** folgt:

*Ta**g**, Bro**t**, Ro**s**e, Re**g**en, sä**g**en, Fo**l**ie, de**n**, we**n***

Häufig zeigt ein **Dehnungs-*h*** den langen Vokal an. Es steht oft vor den Konsonanten ***l, m, n, r***:

*Dehnung, Frühling, führen, lahm, fahren, fühlen, ihm, ihr*

Die Dehnung wird auch von einem **Doppelvokal** oder einem **Doppellaut** (Diphthong) angezeigt:

**Doppelvokal**: *Boot, Haar, Fee, Idee*

**Doppellaut**: *Eichel, Kreis, laut, Eule*

Interessant ist auch das **vokalische *R***, weil du es **nicht rollst**. Es ist eine Verlängerung des Vokals und wird wie ein **schwaches *A*** gesprochen. **Wort** sprichst du **Woat** aus. Weitere Beispiele:

*O**r**t, To**r**, fo**r**t, ku**r**z, Frisu**r**, Schnu**r**, Be**r**g, ve**r**be**r**gen, mi**r**, di**r**, wi**r***

Wörter mit lang gesprochenem **i** werden oft zu **ie** (aber nicht immer):

*Riegel, Brief, schief, tief, Friede, fliegen*

**Ausnahmen**: *Nische, Klima, Bibel*

Endungen mit -***tum***, -***sal***, -***sam***, -***bar*** deuten auf einen langen Vokal hin:

*wunderbar, Balsam, Irrtum, Mühsal, spürbar, Scheusal*

**Übung 69:** Welcher Vokal wird betont?
Unterstreiche ihn und trage das Wort in die Tabelle ein.

*rennen / Spiel / Karte / wachsen / Lunte / Speer / froh / Tee / Bier / helfen / schön / beugen / Bett / Tisch / Bein / werfen / roh / kochen / hoch / Pferd / Waage / Zoo / strecken / Wald*

| Kurzer Vokal | Langer Vokal |
|---|---|
| | |

**Übung 70:** Im Gitter haben sich senkrecht und waagerecht 25 Wörter mit den Lauten ***-ch*** und ***-sch*** versteckt. Markiere sie und schreib sie heraus.
**Überlege**: Wie wird der Vokal vor dem Laut betont?

| | | | | | | | | | | | | | | | | | | | | | | | | | | |
|---|---|---|---|---|---|---|---|---|---|---|---|---|---|---|---|---|---|---|---|---|---|---|---|---|---|---|
| D | A | U | C | H | E | H | J | L | Ö | T | Z | C | D | S | D | Z | U | I | A | X | F | G | G | W | C | F |
| Q | Y | V | B | W | R | Z | U | L | K | O | C | H | B | V | L | Ä | S | P | R | U | C | H | B | O | P | L |
| E | D | O | T | K | Q | V | N | F | M | R | X | Y | I | O | A | Y | B | A | S | D | Y | Y | I | D | I | A |
| B | J | D | T | U | T | Ü | T | T | H | O | R | C | H | E | N | K | C | H | D | H | J | K | T | T | Ü | S |
| A | P | T | Q | C | A | D | D | H | J | K | U | C | F | F | J | I | L | R | B | A | U | C | H | Z | H | C |
| C | A | D | S | H | C | D | S | D | H | Q | Y | V | B | K | L | N | O | A | Y | B | C | L | Ö | E | G | H |
| H | F | D | G | E | C | A | Y | B | F | L | U | C | H | U | T | A | D | C | B | V | C | G | D | A | K | E |
| V | A | E | X | N | F | L | Ö | T | R | Q | V | E | Q | Y | V | C | F | K | E | V | E | D | L | J | K | H |
| O | Q | U | A | T | S | C | H | I | Z | K | K | B | G | G | T | H | E | R | C | I | B | P | O | D | F | S |
| D | W | Q | V | B | Q | Y | V | B | S | N | G | U | H | T | J | T | V | K | H | L | I | P | G | A | S | C |
| F | G | Ä | H | N | L | I | C | H | K | T | Z | C | G | S | D | D | O | V | E | E | C | R | I | K | L | H |
| M | U | F | R | E | C | H | H | J | C | F | R | H | R | Q | U | T | D | F | R | O | J | Ä | S | Y | N | Ö |
| A | Z | O | W | S | D | F | L | Ö | X | X | H | I | R | S | C | H | C | E | F | G | H | J | C | W | S | N |
| R | E | D | F | E | U | C | H | T | D | C | W | V | C | Z | T | Z | W | D | H | J | K | S | H | A | D | P |
| S | C | T | L | O | F | U | R | C | H | T | I | O | D | A | N | A | C | H | F | D | G | E | H | L | Ö | F |
| C | E | T | G | H | S | K | U | S | V | D | B | D | F | P | O | A | Y | B | J | N | I | S | C | H | E | T |
| H | X | E | Ö | T | Z | A | S | C | H | E | K | O | C | Ö | G | M | E | N | S | C | H | F | S | N | B | H |

**Übung 71:** Lies die Wörter laut vor und betone den kurzen Vokal lang. Bilde so neue Wörter.

| | | | | | |
|---|---|---|---|---|---|
| a) | ich muss | das Mus | b) | das Bett | das ______ |
| c) | der Schrott | das ______ | d) | der Kamm | er ______ |
| e) | die Risse | der ______ | f) | das Lamm | sie ist ______ |
| g) | schlaff | der ______ | h) | wann | der ______ |
| i) | satt | die ______ | i) | die Gasse | die ______ |
| k) | still | der ______ | j) | sollen | die ______ |

**Übung 72:** Lies die Sätze. Werden die Wörter mit ***k***, ***ck*** oder ***kk*** geschrieben?

a) Wir sollten darauf achten, weniger **Plasti____müll** zu erzeugen.

b) Warum entlädt sich der **A____u** so schnell?

c) Lisa wurde zum **Bä____er geschi____t.**

d) Woran **den____st** du gerade?

e) Der **A____usativ** ist ein häufiger Fall in der deutsche **Grammati____.**

f) Vorsicht: **Du____** dich, sonst trifft dich der Ball.

g) Der Hund liegt auf dem **Bal____on** in der Sonne.

h) Mein Auge **zu____t**, wenn ich nervös bin.

**Übung 73:** Übe den Umgang mit dem Dehnungs-*h*. Welche Schreibweise ist korrekt? Kreuze die richtige Lösung an.

| | | | |
|---|---|---|---|
| a) rotes Fleisch ( ) | rohtes Fleisch ( ) | b) dähmlich ( ) | dämlich ( ) |
| c) das Lohb ( ) | das Lob ( ) | d) wohnen ( ) | wonen ( ) |
| e) frei sein ( ) | freih sein ( ) | f) das rohe Ei ( ) | das roe Ei ( ) |
| g) Lehrer ( ) | Lerer ( ) | h) leehre Flasche ( ) | leere Flasche ( ) |
| i) Fernweh ( ) | Fernwe ( ) | j) Fürerschein ( ) | Führerschein ( ) |
| k) Holzspahn ( ) | Holzspan ( ) | l) Alahrmanlage ( ) | Alarmanlage ( ) |

## 4.3 Der Umgang mit dem *s*-Laut

Für den *s*-Laut gibt es im Deutschen **drei Schreibweisen**:

*s, ss, ß*

Wir unterscheiden zwischen einem **stimmhaften** und einem **stimmlosen** *s*-Laut. Beim stimmhaften *s*-Laut **summt deine Stimme** leise mit, beim stimmlosen *s*-Laut **zischt** hingegen nur deine Zunge (ganz ohne Stimme). Sprich die folgenden Wörter laut aus, dann verstehst du, was gemeint ist:

**stimmhaft**: *summen, Vase, tausend, böse*

**stimmlos**: *Fluss, außen, Eis, groß*

Den stimmhaften, weichen *s*-Laut schreibst du immer mit **einfachem *s***. Er steht **am Anfang** oder **in der Mitte** des Wortes, denn sobald ein *s*-Laut **am Ende** eines Wortes steht, wird er **zischend (scharf)** ausgesprochen – selbst das einfache *s*. Doch woher weißt du, ob ein ***s, ss*** oder ***ß*** nötig ist?

Dafür gibt es **fünf hilfreiche Regeln:**

1. **Das einfache *s*** folgt dann, wenn der *s*-Laut bei abgeleiteten Wörtern stimmhaft wird. Ebenso enden Wörter im Genitiv und Plural oft mit einem einfachen, stimmlosen ***s***:

   *Ga**s** – Ga**s**e, Hal**s** – Häl**s**e, Kie**s** – Kie**s**elstein,*
   *lie**s** – le**s**en, des Gelde**s**, des Wetter**s**, Auto**s***

2. **Das doppelte *s*** folgt nach einem kurzen Vokal:

   *Ku**ss**, Ta**ss**e, Abschlu**ss**, er mu**ss**te, fa**ss**en, wä**ss**rig, ein bi**ss**chen, flü**ss**ig*

   **Ausnahmen** sind Wörter auf ***-nis*** und einige Fremdwörter:

   *Ergebnis – Ergebnisse, Wagnis – Wagnisse,*
   *Ersparnis – Ersparnisse, Zirkus – Zirkusse*

3. **Das *ß* (Eszett)** folgt nur nach langen Vokalen oder Doppellauten, auch bei abgeleiteten Wörtern:

   *der Klo**ß** – die Klö**ß**e, Ma**ß** – Ma**ß**band, äu**ß**erlich, blo**ß**, bü**ß**en, sto**ß**en*

4. **Vorsicht bei abgeleiteten Wörtern**: Ändert sich bei einem abgeleiteten Wort die Länge des Vokals, kann ***ß*** zu ***ss*** werden (und umgekehrt). Es gelten die Regeln 2 und 3:

   *e**ss**en – ich a**ß**, abrei**ß**en – der Abri**ss**, schlie**ß**en – sie schlo**ss** ab, fre**ss**en – der Hund fra**ß***

5. **Vorsicht bei *st*:** Steht der *s*-Laut zwischen kurzem Vokal und dem Buchstaben ***t***, wird meist ein einfaches ***s*** verwendet, das du zischend sprichst:

*Fe**s**t, Schiffsma**s**t, fa**s**t, Ra**s**t, Fro**s**t, Kompo**s**t, du beende**s**t die Aufgabe*

**Übung 74:** Leite ein verwandtes Wort mit demselben Anfangsbuchstaben ab. Verändert sich der s-Laut? Markiere stimmlose, scharfe *s*-Laute (**rot**) und stimmhafte, weiche (**blau**).

| | | | | | | | |
|---|---|---|---|---|---|---|---|
| a) | verstoßen | → | der Verstoß | b) | schießen | → | ____________ |
| c) | Bus | → | ____________ | d) | Rose | → | ____________ |
| e) | Geheimnis | → | ____________ | d) | Glas | → | ____________ |
| g) | Kreis | → | ____________ | d) | weise | → | ____________ |
| i) | grüßen | → | ____________ | d) | boshaft | → | ____________ |

---

**Übung 75:** Lies die Sätze laut vor und entscheide dich für den richtigen *s*-Laut.

a) Wenn die Gä__te kommen, kann der Spa__ beginnen.

b) Ge__tern a__ ich Nudeln, heute e__e ich Rei__. Und zum Nachtisch gibt's Vanilleei__.

c) Mein grö__ter Wunsch ist es, nach Au__tralien zu rei__en. Das wäre ein tolles Erlebni__.

d) Neulich ri__ sich ein kleiner Mop__ von der Leine lo__. Wie konnte das pa__ieren?

e) Fall__ zu viele Nähte rei__en, ist die wei__e Ho__e zerri__en.

f) Meine Liebling__blume ist die Moo__ro__e. Denn sie hat die schön__ten Kno__pen.

**Tipp**: Zur Verbindung von zwei Nomen benutzt du oft ein sogenanntes Fugen-*s*: *Richtung* + *Wechsel* = *Richtung**s**wechsel*

g) Lui__a ist mu__ikalisch au__ergewöhnlich begabt. Am lieb__ten spielt sie Ba__gitarre.

h) Wer im Kino nicht aufpa__t, verpa__t das Be__te, und zwar den Schlu__.

i) Vane__a schaut gern Krimi__, in denen scheu__liche Menschen Gei__eln nehmen.

**Übung 76:** Diese zusammengehörigen Wörter haben sich verloren. Hilf ihnen dabei, sich wiederzufinden, indem du sie markierst und mit einer Linie verbindest.

Gänse-
Guss-
Spaß-
ab-
aus-
Stoß-
Post-
aussichts-
außer-
miss-
Miss-
Grund-

-eisen
-bremse
-reich
-riss
-sendung
-richtung
-gewöhnlich
-reißen
-misten
-lungen
-handlung
-hals

## 4.4 Der Unterschied zwischen *dass* und *das*

Die beiden Wörter ***dass*** und ***das*** trennt nur ein einziges ***s***, und dennoch bedeuten sie etwas völlig Verschiedenes. Du sprichst sie gleich aus, eine **Verwechselung** fällt also nur **im Geschriebenen** auf. Selbst Lehrer und Journalisten machen hierbei regelmäßig Fehler (meist aus Flüchtigkeit). Aber dir passiert das in Zukunft nicht mehr, denn der Unterschied ist einfach zu verstehen:

**Dass** ist eine Konjunktion (Bindewort), die **Haupt- und Nebensatz** miteinander **verbindet**. Meistens steht im Hauptsatz eine **Aussage**, die dann im Nebensatz genauer erläutert wird:

*Ich freue mich darüber,* ***dass*** *heute die Sonne scheint.*
*Wir sind davon überzeugt,* ***dass*** *Deutsch eine schöne Sprache ist.*
*Gestern Nacht donnerte es so laut,* ***dass*** *ich vor Schreck fast aus dem Bett fiel.*

**Das** ist als Wort umfangreicher und hat **drei Funktionen**:

| | |
|---|---|
| **Bestimmter Artikel**: | ***Das*** *Haus ist grün.* |
| **Demonstrativpronomen**: | ***Das*** *war wohl nichts!* |
| **Relativpronomen**: | *Ich mag das Spiel,* ***das*** *du mir gezeigt hast.* |

Am besten suchst du zunächst nach einem **übergeordneten Nomen**, auf das sich **das** bezieht:

***Das Haus*** *ist grün.* → Übergeordnetes Nomen: *Haus*

***Das (Ereignis)*** *war wohl nichts!* → Übergeordnetes Nomen: *(Ereignis)*

> **Hinweis**: In diesem Fall musst du dir das übergeordnete Nomen vorstellen.

*Ich mag das* ***Spiel, das*** *du mir gezeigt hast.* → Übergeordnetes Nomen: *Spiel*

Außerdem kannst du die **Austauschprobe** mit den Wörtern **dieses**, **jenes** und **welches** durchführen. Du tauscht einfach **das** durch eines der drei Wörter aus und überlegst, ob der Satz noch Sinn ergibt. Ist das der Fall, ist **das** richtig.

***Dieses / Jenes*** *Haus ist grün.*
***Dieses*** *war wohl nichts!*
*Ich mag das Spiel,* ***welches*** *du mir gezeigt hast.*

**DAS ODER DASS?!**

Bei Sätzen mit der Konjunktion **dass** funktioniert die **Austauschprobe nicht**. Der Satz wäre nach dem Austausch unsinnig. Also ist **dass** richtig:

*Ich freue mich darüber,* ***~~welches~~*** *die Sonne scheint.* → Falsch

*Ich freue mich darüber,* ***dass*** *die Sonne scheint.* → Richtig

*Wir sind davon überzeugt,* ***~~dieses~~*** *Deutsch eine schöne Sprache ist.* → Falsch

*Wir sind davon überzeugt,* ***dass*** *Deutsch eine schöne Sprache ist.* → Richtig

---

**Übung 77:** Führe die Austauschprobe mit **dieses**, **jenes** oder **welches** durch und schreib das Austauschwort hinter den Satz. Achte auch auf Groß- und Kleinschreibung.

a) Mein Vater hat sich das Auto gekauft, **das** ich dir neulich gezeigt habe. ________

b) **Das** hat sich echt gelohnt! ________

c) **Das** Fenster dort ist offen. ________

d) Jeder Mensch sollte ein Leben führen, **das** ihn glücklich macht. ________

e) Wir glauben, **das** stimmt nicht. ________

f) **Das** lässt sich nicht rückgängig machen. ________

g) Dieses Rätsel, **das** niemand lösen kann, bringt uns zur Verzweiflung. ________

h) Sie freuen sich über **das** Ergebnis. ________

**Übung 78:** Erkennst du die Funktion von ***das*** in der vorherigen Übung? Bestimme sie.

a) Relativpronomen b) ______

c) ______ d) ______

e) ______ f) ______

g) ______ h) ______

**Übung 79:** Lies den Text und entscheide dich für ***dass*** oder ***das***.

***Das/dass* glaubst du mir nie!**

Gestern Mittag war *das/dass* Wetter sonnig. Also wusch ich mein Fahrrad, *das/dass* ich mir letzten Monat von meinem Taschengeld gekauft hatte. Als es gewaschen und poliert war, blitzte und donnerte es plötzlich so heftig, *das/dass* ich vor Schreck ins Haus rannte. Wie konnte *das/dass* sein? Kurz zuvor war der Himmel doch noch strahlend blau gewesen. Vermutlich war ich so auf *das/dass* Waschen konzentriert, *das/dass* ich gar nicht bemerkte, wie sich *das/dass* Wetter verschlechterte. Aber *das/dass* war noch nicht alles. Wegen des Sturms fiel *das/dass* Rad ins Blumenbeet und wurde wieder dreckig. Ich wusch es erneut. Und dann passierte *das/dass* Schlimmste: Meine kleine Schwester Nele beschmierte *das/dass* blitzblanke Rad mit Schokoladeneis, *sodas/sodass* der Rahmen überall klebte. Es war zum dritten Mal dreckig, *das/dass* durfte doch wohl nicht wahr sein!

## 4.5 Ähnliche Vokale

Die Laute ***ä/e, äu/eu*** und ***ai/ei*** sprichst du sehr ähnlich aus. Damit du sie nicht verwechselst, nutzt du die **Ableitungsregel**. Überlege dir als Erstes, wie verwandte Wörter geschrieben werden:

| | |
|---|---|
| ***a*** zu ***ä***: | *Nagel – Nägel, Damm – Dämme, Hand – Hände,*<br>*Stadt – Städte, Tat – Täter* |
| ***e*** bleibt ***e***: | *Nebel – neblig, Berg – Berge, Pferd – Pferde, Herz – Herzen* |
| ***au*** zu ***äu***: | *Haus – Häuser, Laus – Läuse, Zaun – Zäune,*<br>*außen – äußerst, Mauer – Gemäuer* |
| ***eu*** bleibt ***eu***: | *Freude – freuen, Reue – bereuen, teuer – beteuern,*<br>*Beute – erbeuten* |

Diese Regel hilft dir leider nicht immer weiter, denn einige Wörter mit ***ä*** bzw. ***äu*** haben **keine Ableitung** oder ihre **Ableitungen** haben **denselben Laut**. Du lernst sie am besten auswendig:

*Mähne, nämlich, Käse, Märchen, Säge, Träne,*
*Bär, Käfer, läuten, täuschen, Knäuel*

Die Laute ***ei*** und ***ai*** kannst du einfacher auseinanderhalten, weil der Laut ***ei*** im Deutschen wesentlich häufiger vorkommt. Hingegen findest du den Laut ***ai*** eher in Fremdwörtern.

***ei***: *Eis, Eiche, treiben, reiten, schneiden, Beweis*

***ai***: *Mais, Trainer, Mai, Bonsai, Laib, Medaillon*

Denke immer über die **Bedeutung** des Wortes nach, dann machst du auch weniger Fehler. Manche Wörter werden nämlich identisch ausgesprochen, sind in ihrer Bedeutung aber völlig verschieden:

| | | |
|---|---|---|
| *die Lärche (Baum)* | – | *die Lerche (Vogel)* |
| *die Fälle (Grammatik)* | – | *die Felle (Tier)* |
| *die Kälte (Temperatur)* | – | *der Kelte (Volk)* |
| *säen (Pflanzen)* | – | *sähen (Konjunktiv von sehen)* |

---

**Übung 80:** Wie verändern sich die Laute nach der **Ableitungsregel**?

a) eu → ______ b) e → ______ c) a → ______ d) au → ______

---

**Übung 81:** Übe die Ableitungsregel: Finde jeweils ein Wort aus derselben Wortfamilie, das dir die korrekte Schreibung verrät.
**Bonusfrage**: Welche zwei Wörter mit ***ä*** bzw. ***äu*** basieren auf keiner Wortfamilie mit ***a*** bzw. ***au***?

| | | |
|---|---|---|
| a) bärtig – Bart | b) aufbäumen – ______ | c) Kräfte – ______ |
| d) bergig – ______ | e) säuberlich – ______ | f) ursächlich – ______ |
| g) Gänse – ______ | h) befreundet – ______ | i) geräumig – ______ |
| j) beulig – ______ | k) verträumt – ______ | l) feurig – ______ |
| m) Fehler – ______ | n) dämlich – ______ | o) streben – ______ |
| p) Beute – ______ | q) lästig – ______ | r) Geräusch – ______ |

**Übung 82:** Lies die Sätze und entscheide dich für ***äu, eu, ei*** oder ***ai***.

a) Der Indianerh_äu_ptling tanzt wie wild ums F___er, das ist den anderen nicht geh___er.

b) Im M___ gab es am K___ vor dem Piratenschiff eine M___ter___. Beteiligt war sogar der Papag___.

c) Den Mann schmerzt eine ___terb___le am Zahnfl___sch. Sobald er zub___ßt, wird er ganz bl___ch.

d) Legen alle H___e v___er? N___n, manche gebären lebend, das w___ß auch Herr M___er.

e) Warum kr___scht ihr wie die Ungeh___er? Ich sperre ___ch gl___ch hinters Gem___er.

f) Des K___sers großes K___serr___ch ist dem des Königs völlig gl___ch, bis auf den Gartent___ch.

g) Hat die Kuh ein entzündetes ___ter, ___lt der Bauer herb___ mit h___lenden Kr___tern.

h) Von einer t___ren R___se in die grüne T___ga tr___mte einst ein kl___ner G___ger.

i) Abends um n___n str___bt sich Papa, den Gehweg zu str___en.

---

**Übung 83:** Wer hat bloß diesen Text geschrieben? Hilfst du, ihn zu korrigieren? Achte auf die Vokale ***ä***, ***e***, ***eu*** und ***äu***. Markiere alle 26 verdächtigen Wörter und schreib sie richtig auf.

**Das Sägewerk**

In einem Segewärk werden Beume zersegt, die zuvor in den Weldern gefellt wurden. Das Rundholz wird zu Brättern, Kanthölzern und Balkän verarbeitet, die man zum Beispiel für Hausdecher benötigt. Früher wurden die Sägeanlagen durch Wasserreder, speter dann mit Dampfmaschinen angätrieben. Häute übernehmen Diesel- und Elektromotoren diese Aufgabe. Außer Schnittholz entstähen in einem Sägewerk auch Nebenprodukte wie Sägespene und Sägemähl, die man als Rohstoffe in der Industrie einsätzt. Ein weiteres Näbenprodukt ist die Rinde, die entweder zu Heizzwäcken verbrannt oder zu Rindenmulch verarbeität wird. Du findest ihn in vielen däutschen Gerten. Eines der größten Sägewerke befindet sich in Wismar, in Norddäutschland, wo jedes Jahr ungefehr 1,9 Millionen Festmäter Holz gesegt werden. Das ist eine wirklich große Ausbäute!

# 5 Zeichensetzung

## 5.1 Satzschlusszeichen

Das Wichtigste an einem Text ist seine **Verständlichkeit**. Hierfür stehen uns diverse Satzschlusszeichen zur Verfügung, die einen Text **einfacher** und **leserlicher** gestalten. Damit du weißt, welches Satzschlusszeichen passt, musst du die **Satzart** erkennen. Wir unterscheiden drei Satzarten:

Der **Aussagesatz** endet mit einem **Punkt**. Der nächste Satz beginnt wieder mit einem Großbuchstaben, wie jeder abgeschlossene Satz (vgl. Kapitel 3):

*Der Elektriker schließt die Steckdose an. Danach misst er den Stromfluss.*

---

Der **Fragesatz** endet mit einem **Fragezeichen**. Du leitest ihn zum Beispiel mit einem **Fragewort** (*wie?, wo?, warum?*) ein:

*Warum sollten wir Deutsch lernen? Wo wohnst du? Wie heißt sie?*

Du kannst auch einen Aussagesatz so **umstellen**, dass dieser zur Frage wird. In diesem Fall betonst du das Satzende. Bei Fragen mit einem Fragewort betonst du hingegen den Satzanfang.

*Der Elektriker misst den Stromfluss.* → *Misst der Elektriker den Stromfluss**?***
*Du bist dieses Jahr im Urlaub gewesen.* → *Bist du dieses Jahr im Urlaub gewesen**?***

---

Der **Aufforderungssatz** endet mit einem **Ausrufezeichen**. Du benutzt ihn für Aufforderungen, Ausrufe, Bitten und Befehle (Imperativsatz).

*Halt dich an mir fest! Gib mir bitte einen Rat! Vorsicht, da kommt ein Auto!*

Eine Aufforderung kann auch als Aussage getarnt sein. Das kann sehr unhöflich wirken, weshalb du diese Form vermeiden solltest (die Betonung liegt hier auf dem Verb).

*Gib mir einen Rat!* → *Du gibst mir einen Rat!*

**Höflicher** wirkt eine Aufforderung als Frage:

*Kannst du mir bitte einen Rat geben?*
*Noch besser:* ***Könntest*** *du mir bitte einen Rat geben?*

**Besonderheit:** Überschriften, die weder eine Frage noch ein Ausruf, Befehl oder eine Aufforderung sind, enden **ohne Satzschlusszeichen:**

*Aufgeregter Dackel pinkelt Fußgängerin ans Bein*
*Baufälliges Hochhaus wurde gesprengt*

**Übung 84:** Wandle die Aussage- und Aufforderungssätze in Fragen ohne Fragewörter um.

a) Du hast schon wieder den Bus verpasst!

______________________________

b) Der Kakadu ist ein intelligenter Vogel.

______________________________

c) Im Jahr 2020 wohnten rund 7,8 Milliarden Menschen auf der Erde.

______________________________

d) Nenn mir sofort deinen Namen!

______________________________

______________________________

**Übung 85:** Setze bei den Sätzen das richtige Satzschlusszeichen und bestimme die Satzart. **Tipp**: Auch Aussagen können mit einem Ausrufezeichen schließen.

a) Würdest du mir bitte deinen Namen verraten?

Fragesatz

b) Ruf bitte deine Eltern an_

______________________________

c) Die Sonne ist das Zentrum unseres Sonnensystems_

______________________________

d) Lass das, oder ich werde ärgerlich_

______________________________

e) Wie viel Quadratmeter hat eure Wohnung___

f) Magst du Sonnenuntergänge am Strand___

g) Schau nach links und rechts, bevor du die Straße überquerst___

h) Das Ergebnis der Rechenaufgabe ist 5___

i) Ich liebe Pizza mit Peperoni___

j) Sie fahren später mit einem Elektroroller___

**Übung 86:** Lies den Text und setze die passenden Satzschlusszeichen.

**Die weise Meeresschildkröte** (Anlehnung an eine Geschichte aus „Das Café am Rande der Welt“ von John Strelecky)

Es war einmal eine weise Meeresschildkröte mit einem Alter weit über 100 Jahre___ Ihre Länge betrug gut einen Meter und sie besaß einen braunen Panzer___ Ihre Flossen und ihr Kopf waren gekennzeichnet von großen Schuppen___ Damit sah sie sehr schön aus___ Eines Tages schwamm ein Taucher neben ihr und beobachtete sie___ Obwohl sich im Meer viele Fische tummelten, richtete er seine Aufmerksamkeit auf die Schildkröte___ Warum tat er das___ Was war so besonders an dieser Schildkröte___ Pass gut auf, ich erzähle es dir___ Die Schildkröte und der Taucher schwammen beide auf das offene Meer hinaus___ Doch die Schildkröte schwamm viel schneller als der Taucher, obwohl sie sehr entspannt dabei wirkte___ Der Taucher hingegen mühte sich ab und kam kaum hinterher___ Das faszinierte den Taucher___ Wie war es möglich, dass sie mit so schwachem Flossenschlag so schnell vorankam___ Es erschien ihm mysteriös___ Der Taucher beobachtete sie eine ganze Zeit lang, bis er verstand, warum sich die Schildkröte so schnell fortbewegte___ Willst du wissen, was ihr Geheimnis war___ Dann lies gespannt weiter___ Die Schildkröte hatte ein System, denn sie passte ihre Bewegungen genau an das Wasser an___ Wenn sich eine Welle auf das Ufer zubewegte, ließ sie sich treiben und bewegte sich gerade so viel, um auf der Stelle zu bleiben ___ Sie schonte ihre Kräfte___ Und wenn das Wasser ins offene Meer zurückströmte, paddelte sie schneller, um die Bewegung des Wassers zu ihrem Vorteil zu nutzen___ War das nicht schlau von der Schildkröte___

## 5.2 Das Komma

Das Komma ist ein wichtiges Satzzeichen, das innerhalb eines **Satzes** oder **Satzgefüges** steht. Es verbindet **Sätze miteinander**, hilft bei **Aufzählungen** oder verändert die **Aussage** eines Satzes. Ohne Komma kann ein Satz nämlich eine andere Aussage haben als mit Komma. Zum Beispiel:

**Kommaregeln:**

**Aussage 1:** *Frida zeichnet gerade Carla.*

**Aussage 2:** *Frida zeichnet gerade, Carla.*

Aussage 1 ohne Komma bedeutet: Frida zeichnet ein Bild von Carla. Aussage 2 mit Komma bedeutet: Jemand sagt Carla, dass Frida gerade zeichnet. Vielleicht Fridas Mutter? Die zweite Aussage sprichst du auch anders aus, denn du machst nach dem Komma eine **kurze Sprechpause** und **hebst die Stimme** nach dem Komma leicht. In vielen Fällen musst du ein Komma setzen, weil es die deutsche Grammatik vorschreibt. Die folgenden **Regeln** helfen dir dabei, die richtige Entscheidung zu treffen:

**(1) Zwischen Hauptsätzen**
Das Komma verbindet mehrere Hauptsätze miteinander. Ein Hauptsatz könnte auch alleine stehen, ein Nebensatz hingegen nicht. Denk daran: Einen abgeschlossenen Satz erkennst du daran, dass darin **nur ein Prädikat** vorkommt:

*Ich **fahre** gerade mit dem Bus, mein Vater **sonnt sich** im Garten, meine Schwester **isst** Eis.*

**Hinweis**: Nebenordnende Konjunktionen (z. B. denn, aber) können gemeinsam mit einem Komma Hauptsätze verbinden. Das schauen wir uns genauer auf der nächsten Seite an.

**(2) Zwischen Haupt- und Nebensatz**
Das Komma verbindet Haupt- und Nebensatz. Ein Nebensatz beginnt oft mit einer **untergeordneten Konjunktion** (z. B. *weil, da, als*) und hat ein weiteres wichtiges Merkmal: **Das Verb steht am Ende**. Das unterscheidet ihn vom Hauptsatz.

*Ich schmiere mir ein Brot, **weil** ich Hunger **habe**.*
*Deine Schwester ist fit, **da** sie Sport **treibt**.*

Auch ein **Relativpronomen** leitet einen Nebensatz ein und verschiebt das Verb ans Ende.

*Wie heißt dieser Film, **den** wir neulich zusammen **gesehen haben**?*

**(3) Aufzählungen**
Ein Komma steht zwischen aufgezählten **Wörtern** und **Wortgruppen**, sofern sie nicht mit einer nebenordnenden **Konjunktion** (z. B. *und, oder*) verbunden sind:

*Du trägst heute weiße Schuhe, ein schwarzes T-Shirt, einen grünen Pullover und eine blaue Jeans.*

**Hinweis**:
Schränkt eine Konjunktion (z. B. aber, sondern) die Aufzählung ein, folgt ein Komma:

*Du trägst heute einen Pullover, ein T-Shirt, eine Jeans,* ***aber*** *keine Schuhe.*

Falls **Adjektive** fest zum Nomen gehören, setzt du kein Komma:

*Ich mag deine* ***schöne blaue*** *Hose.* → *„blaue Hose“* ist ein feststehender Begriff

**Beachte die Tauschregel:** Lassen sich die Adjektive vertauschen, setzt du ein Komma. Wäre hingegen durch den Tausch der Sinn verloren gegangen, setzt du kein Komma:

*Ich mag deine* ***blaue schöne*** *Hose.* → Der Tausch ergibt keinen Sinn.

**(4) Ausrufewörter (Interjektionen)**
trennst du ebenfalls mit einem Komma ab:

***Aua****, das tat weh!* ***Puh****, riecht das übel!*
***Halt****, sofort stehen bleiben!* ***Muh****, sprach die Kuh.*

**(5) Einschübe und Zusätze**
trennst du, manchmal für eine bessere Leserlichkeit, mit einem Komma ab.

Einschub: *Mein Bruder,* ***der dir gestern zugewinkt hat,*** *findet dich gut.*

Zusatz: *In tropischen Ländern* ***(,) wie Kenia und Brasilien(,)*** *ist die Luftfeuchtigkeit sehr hoch.*

## 5.3 Die Funktion der Konjunktion

Vor vielen **Konjunktionen (Bindewörtern)** steht ein Komma. Die **Art der Konjunktion** beeinflusst, ob ein Satz ein **Haupt- oder Nebensatz** ist. Wenn du die Aufgabe der Konjunktion verstehst, fällt dir die Kommasetzung viel leichter. Lass dich nicht entmutigen, falls du dir mal unsicher bist. Bleib einfach dran, dann benutzt du das Komma bald wie ein Profi!

### Unterordnende Konjunktionen

Unterordnende Konjunktionen erzeugen einen **Nebensatz** und **ordnen** ihn dem Hauptsatz **unter**. Vor ihnen steht **immer** ein Komma, da der Nebensatz, den sie einleiten, nicht allein stehen könnte. Beispiele:

*weil, als, da, dass, falls, sofern, während, nachdem,*
*indem, damit, wenn, bis, ehe, bevor*

*Er stand auf,* ***als*** *jemand an der Tür klingelte.*
*Ich kann gut Deutsch,* ***weil*** *ich viel lerne.*

### Nebenordnende Konjunktionen

Nebenordnende Konjunktionen erzeugen einen **zweiten Hauptsatz**, der mit einem Subjekt **unabhängig** vom ersten stehen könnte.

| | |
|---|---|
| Beispiele: | *und, oder, denn, aber, außer, sondern, doch* |
| Mit Komma: | *Wir haben den Hund von der Leine gelassen,* ***aber*** *das war keine gute Idee. Sie stritten nicht sinnlos,* ***sondern*** *sie fanden eine gemeinsame Lösung.* |
| Ohne Komma: | *Ich freue mich auf den Urlaub* ***und*** *die Sonne.* |
| Freigestellt: | *Ich freue mich auf den Urlaub****(,) und ich*** *werde die Sonne genießen.* |

**Hinweis**: Im letzten Fall ist das **Subjekt „ich“** entscheidend. Nur dadurch wird der Satz zu einem eigenständigen Hauptsatz und du darfst ihn mit einem Komma abtrennen (musst du aber nicht). Mit der **Konjunktion *oder*** verhält es sich genauso.

### Mehrteilige Konjunktionen

**Mehrteilige Konjunktionen** sind eine Kombination von **mindestens zwei Konjunktionen.** Manche werden ohne Komma, andere wiederum mit Komma gebraucht. Lerne sie am besten auswendig, da es keine eindeutige Regel gibt, wann ein Komma folgen muss.

| | |
|---|---|
| Mit Komma: | ***je – desto, nicht nur – sondern auch, zwar – aber***<br>***Je*** *mehr du isst,* ***desto*** *mehr Kalorien nimmst du zu dir.*<br>*Petra mag* ***zwar*** *kein Fleisch,* ***aber*** *sie liebt Fisch.* |
| Ohne Komma: | ***entweder – oder, weder – noch, sowohl – als auch***<br>*Wir streichen das Zimmer* ***entweder*** *grün* ***oder*** *orange.*<br>*Ihm ist* ***weder*** *warm* ***noch*** *kalt.*<br>*Die Kinder essen* ***sowohl*** *Obst* ***als auch*** *Gemüse.* |

Ein **Spezialfall** sind die Vergleichswörter ***als*** und ***wie*** (vgl. Kapitel 1): Wenn du ***als*** und ***wie*** für einen Vergleich benutzt, setzt du kein Komma.

*Deutschland hat mehr Einwohner* ***als*** *Spanien.*
*Carl ist genauso groß* ***wie*** *Noah.*

**Ausnahme**: Wenn die Vergleichswörter gleichzeitig einen Nebensatz einleiten (du erkennst ihn am zweiten Verb), musst du ein Komma setzen. Sie sind dann beides: **Vergleichswort** und **Konjunktion**.

*Deine Mutter ist viel netter,* ***als*** *ich dachte.*
*Mein neuer Roller fährt sich so gut,* ***wie*** *ich es mir vorgestellt habe.*

---

**Übung 87:** Markiere bei folgenden Sätzen die Hauptsätze rot und die Nebensätze blau. **Tipp**: Achte auf die Position des Verbs und die Konjunktion (falls vorhanden).

a) Ich bin froh, dass du mich besuchst.
b) Die Welle bewegt sich auf das Ufer zu, danach strömt das Wasser zurück ins offene Meer.
c) Dass sie heute pünktlich gewesen ist, glaubt ihr niemand.
d) Es dauert noch genau eine Stunde, bis der Besuch eintrifft.
e) Ich habe Hunger und Durst habe ich auch.
f) Meine Freunde joggen regelmäßig, damit sie fit bleiben.
g) Während er sich sonnte, stahl ein Dieb meinem Vater seine Geldbörse.
h) Ich darf mit der Nintendo Switch spielen, wenn ich vorher meine Hausaufgaben erledigt habe.
i) Das Insekt, das bei uns durch den Garten flog, war eine Hornisse.
j) Wer fleißig lernt, der erzielt gute Leistungen.

---

**Übung 88:** Setze alle notwendigen Kommas und unterstreiche alle Konjunktionen.

**Der kleine Mauersegler**

Manu der kleine Mauersegler hat erst vor kurzem das Fliegen gelernt. Im Nest übte er gemeinsam mit seinen Geschwistern die nötigen Flügelbewegungen bevor er seinen Jungfernflug wagte. Geschicktes Fliegen ist sehr wichtig außer er wäre ein Laufvogel wie ein Strauß oder Emu. Hingegen halten sich Mauersegler fast ausschließlich in der Luft auf wenn sie nicht gerade brüten. Mittlerweile ist

Manu ein geschickter Jäger der in der Luft Spinnen Blattläuse Käfer oder Fliegen erbeutet. Je mehr Manu erwischt desto zufriedener ist er. Dabei erreicht er Geschwindigkeiten von 200 km/h jedoch nur im Sturzflug! Dank seiner ankerförmigen Flügel beherrscht er sowohl Sturzflüge als auch andere komplizierte Flugmanöver. Im Hochsommer kannst du Manu am frühen Abend beobachten da zu dieser Zeit zahlreiche Insekten durch die Luft schwirren. Er hat keine Angst vor dir sondern ist an Menschen gewöhnt. Vielleicht fliegt er sogar ganz dicht an dir vorbei falls du dich nicht bewegst. Allerdings muss er sich vor Falken Eulen und anderen Raubvögeln in Acht nehmen damit er nicht selbst zur Beute wird. Er ist nämlich viel kleiner als seine Feinde. Im Winter ist es Manu zu kalt hier in Deutschland er würde bei Minusgraden erfrieren. Deswegen zieht er mit seinen Verwandten in das südliche Afrika und bleibt dort so lange bis es wieder wärmer in Deutschland ist. Solche Vogelarten nennt man Zugvögel. Sie legen mehrere Tausend Kilometer zurück ehe sie sich ausruhen. Wir Menschen wären weder zu einer solchen Leistung imstande noch können wir fliegen. Zwar können wir Manu und die anderen Mauersegler dafür bestaunen aber wir sollten auch ihren Lebensraum schützen.

---

**Übung 89:** Ordne die Konjunktionen aus **Ü. 88** in die Tabelle ein.

| **Untergeordnete Konjunktionen** | **Nebenordnende Konjunktionen** | **Mehrteilige Konjunktionen** |
|---|---|---|
| | | |

---

**Übung 90:** Erkennst du die Kommaregel, die hier angewendet wurde? Lies noch mal den Merkkasten zu „Das Komma“ und entscheide dich für die richtige Ziffer.

a) Ich esse gern Schokolade, Fruchtgummis, aber auch Obst. ( )

b) Oha, das ist gefährlich! ( )

c) Wir haben einen neuen Fernseher, ich will eine neue Playstation. ( )

d) Dein Vorschlag klingt schön, doch ist er kaum umsetzbar. ( )

e) Unsere Nachbarin beschwert sich immer, wenn die Musik zu laut ist. ( )

f) Deutschland, ein wohlhabendes Land, ist Teil von Europa. ( )

g) Herrje, ich kann mir die Regel einfach nicht merken! ( )

h) Wir gehen nicht ins Kino, sondern schauen uns zuhause einen Film an. ( )

---

**Übung 91:** Lerne den Umgang mit den speziellen Konjunktionen ***als*** und ***wie***. Muss ein Komma davor gesetzt werden oder nicht?

a) Gestern warst du viel netter **als** heute!

b) Ich erinnere mich gut daran **wie** ich mit 8 Jahren aussah.

c) Ihm wurde sehr übel **als** er die Muscheln aß.

d) Der Geruch von Diesel ist strenger **als** der von Benzin!

e) Bald gibt es genauso viele Mähroboter **wie** altmodische Rasenmäher.

f) Die Giraffe im Zoo war noch größer **als** Mareike sie sich vorgestellt hatte.

g) Wir konnten selbst im Haus spüren **wie** es stürmte.

h) Der Pottwal sieht aus **wie** ein riesiger Fisch, ist aber ein Säugetier.

i) Sie essen mehr **als** einmal wöchentlich Hülsenfrüchte **wie** Linsen oder Bohnen.

## 5.4 Die wörtliche Rede

Mit der wörtlichen Rede (auch direkte Rede) gibst du den **genauen Wortlaut** von Sprechern oder Sprecherinnen wieder. Diese wörtliche Wiedergabe setzt du in **Anführungszeichen („ “)**, die umgangssprachlich oft **Gänsefüßchen** genannt werden. In Büchern begegnen uns außerdem häufig die französischen **Guillemets (» «)**, die ebenfalls die wörtliche Rede anzeigen.

Meist benötigst du einen **Redebegleitsatz**, der mit einem **Doppelpunkt** von der wörtlichen Rede abgegrenzt ist. Danach folgt die wörtliche Rede in Anführungszeichen und mit Satzschlusszeichen.

| *Kathrin sagt:* | *„Ich möchte bei schönem Wetter in einen Freizeitpark fahren.“* |
|---|---|
| Redebegleitsatz | Wörtliche Rede |

Der Redebegleitsatz kann **vor, hinter** oder **zwischen** einer wörtlichen Rede stehen. Hierbei musst du verschiedene Zeichensetzungsregeln beachten.

**Redebegleitsatz *vor* der wörtlichen Rede:**

*Die Lehrerin klappte das Buch zu und sprach:*
*„So, für heute haben wir genug gelernt!"*

**Hinweis**: Nach dem Redebegleitsatz steht ein Doppelpunkt. Die wörtliche Rede endet mit einem Punkt, Ausrufezeichen oder Fragezeichen, das noch vor dem zweiten Anführungszeichen steht.

---

**Redebegleitsatz *nach* der wörtlichen Rede:**

Aussage: *„Das Thermometer zeigt 35 Grad Celsius an", bemerkte Felix erstaunt.*

Ausruf: *„Bei dieser Hitze kann sich kein Mensch konzentrieren!", nörgelte Sarah.*

Frage: *„Möchtest du ein Glas Wasser trinken?", fragte Elias besorgt.*

**Hinweis**: Hier endet die wörtliche Rede mit **keinem** Punkt, sondern **nach** dem zweiten Anführungszeichen steht ein Komma. Fragen oder Ausrufe haben aber ein Frage- bzw. Ausrufezeichen, wobei der Redebegleitsatz seinen Punkt behält. **Wichtig**: Du setzt keinen **Doppelpunkt**!

---

**Redebegleitsatz *zwischen* der wörtlichen Rede:**

Aussage: *„Heute Abend ist es sehr ruhig", erkannte Leon, „perfekt, um einzuschlafen."*

Frage: *„Was raschelt da so im Garten?", erwiderte Lena, „das klingt nach einem Waschbären."*

Aufforderung: *„Schnell, zieh deine Jacke an!", rief Leon, „ ich hole die Taschenlampe."*

**Hinweis**: In diesem Fall ist der Redebegleitsatz zwischen der wörtlichen Rede **eingeschlossen**. Du trennst ihn mit Kommas ab. Bei einer Aussage steht nur ganz am Ende ein Punkt. Bei Fragen und Aussagen setzt du hingegen ein Frage- bzw. Ausrufezeichen und einen Punkt am Ende der zweiten wörtlichen Rede.

**Wichtig**: Am Anfang der zweiten wörtlichen Rede schreibst du klein. Es sei denn, sie beginnt mit einem Nomen oder nominalisierten Wort.

**Übung 92:** Im Gitter verstecken sich horizontal und vertikal **22 Verben**, die du in Begleitsätzen der wörtlichen Rede verwenden kannst. Finde sie und schreib sie in der 3. Person Singular im Präteritum auf.

| | | | | | | | | | | | | | | | | | | | | | | | | | | |
|---|---|---|---|---|---|---|---|---|---|---|---|---|---|---|---|---|---|---|---|---|---|---|---|---|---|---|
| D | B | E | M | E | R | K | E | N | Ö | T | Z | C | D | R | U | F | E | N | E | K | N | G | G | W | C | F |
| Q | Y | V | B | W | R | Z | U | F | R | A | G | E | N | V | L | Ä | B | E | H | A | U | P | T | E | N | K |
| E | D | S | T | S | Q | V | N | F | M | R | V | E | R | K | Ü | N | D | E | N | D | Y | Y | I | D | I | A |
| A | J | C | T | P | T | Ü | T | T | W | U | N | D | E | R | N | K | C | H | D | H | J | K | T | T | Ü | S |
| N | P | H | Q | R | A | D | D | H | J | K | U | C | F | F | J | I | B | R | Ü | L | L | E | N | Z | H | H |
| M | A | R | S | E | C | D | S | D | H | Q | Y | V | B | K | L | N | O | A | Y | B | C | L | Ö | E | G | H |
| E | F | E | G | C | C | A | Y | F | L | U | C | H | E | N | T | Ö | D | C | M | M | C | G | E | A | K | L |
| R | A | I | X | H | F | L | Ö | T | R | Q | V | E | Q | Y | V | R | F | K | T | E | E | D | R | J | K | H |
| K | T | E | A | E | C | S | T | O | T | T | E | R | N | G | T | G | E | R | K | I | B | P | K | D | F | S |
| E | W | N | V | N | Q | P | L | A | U | D | E | R | N | T | J | E | V | K | L | N | I | P | L | A | S | A |
| N | G | G | Z | N | L | I | C | H | K | T | Z | P | G | S | D | L | O | V | K | E | C | R | Ä | K | L | G |
| M | U | F | L | Ü | S | T | E | R | N | F | R | H | R | Q | U | N | D | F | V | N | J | Ä | R | Y | N | E |
| K | Z | O | W | S | D | F | L | Ö | V | E | R | S | P | R | E | C | H | E | N | G | H | J | E | W | S | N |
| R | E | D | E | R | W | Ä | H | N | E | N | E | N | C | Z | T | Z | W | D | H | J | K | S | N | A | D | P |
| S | B | E | F | Ü | R | C | H | T | E | N | I | O | A | N | T | W | O | R | T | E | N | E | H | L | Ö | F |

er bemerkte,

**Übung 93:** Wandle die Bausteine in einen sinnvollen Satz mit wörtlicher Rede um.

a) Carla / sagen / nicht / gut / fühlen

Begleitsatz vorn: Carla sagt: „Ich fühle mich nicht gut."

b) Heute / regnen / es / werden / Leandra / meinen

Begleitsatz hinten: ______

c) sich beschweren / der Test / zu schwierig / sein / Fabian

Begleitsatz vorn: ______

d) Theresa / versprechen / ihrem Lehrer / die Hausaufgaben / nicht abschreiben haben

Begleitsatz hinten: ______________________________________________

e) behaupten / Felix / viel schneller / laufen / können / du / als

Begleitsatz vorn: ______________________________________________

f) Die Oma / ermahnen / Kinder / nicht rennen / im Flur

Begleitsatz hinten: ______________________________________________

# 6 Wie du erzählst

## 6.1 Von einem Erlebnis erzählen

In einer **Erlebniserzählung** erzählst du von einem eigenen oder fremden Erlebnis. Du behältst dabei die **zeitliche Reihenfolge der Geschehnisse** bei, außerdem bleibst du bei der **Realität**, erfindest also keine fliegenden Hunde, sprechendes Wasser oder laufende Häuser. Und dennoch versuchst du, deine Erzählung möglichst **spannend**, **unterhaltsam** und vielleicht sogar **witzig** zu gestalten. Die Menschen lachen doch gern, oder? Anbei ein paar Grundlagen:

1. **Nutze aussagekräftige Verben**, denn sie bringen Bewegung in deine Erzählung und regen die Vorstellungskraft deiner Leser an.

   *Die Grillen **machten** laute Geräusche.*
   *→ Schöner: Die Grillen **zirpten** lautstark.*

2. **Erzähle von Einzelheiten**, damit das Bild deiner Geschichte klarer wird.

   *Eine Frau **massierte** sich mit **allen zehn Fingern** ein Shampoo in ihre Haare, das **nach Apfel duftete**.*

3. **Ergänze sinnvolle Adjektive**, aber übertreibe es nicht. Ergänze sie nur, wenn sie zu einer besseren Vorstellung beitragen.

   *Er sah sehr **müde** aus: Die **feine** Haut unter seinen Augen war **faltig**, seine Augenlider **schwer**.*

4. **Streue Wörter ein**, die Spannung erzeugen.

   *Das Handy klingelte auf der lautesten Stufe, Patrick ging **sofort** heran. **Plötzlich** blickte er wie versteinert. Sein Handy glitt ihm aus der Hand und knallte auf den harten Fliesenboden, während er regungslos in die Luft starrte. War **vielleicht** ein Unglück geschehen?*

5. **Gib deiner Geschichte einen Titel**, der zur Erzählung passt und die Neugierde weckt. Der Titel sollte aber noch nicht zu viel verraten.

Bevor du mit der Erzählung startest, **sammelst** du **Ideen** und **notierst** dir **Strichpunkte**. Anschließend trennst du dich von Unwichtigem und **ordnest** die verbliebenen Punkte. So erhält deine Erzählung schon vorab eine Struktur.
Du benötigst drei Teile:

**ERZÄHLUNG SCHREIBEN:**

**Einleitung**, **Hauptteil**, **Schluss**

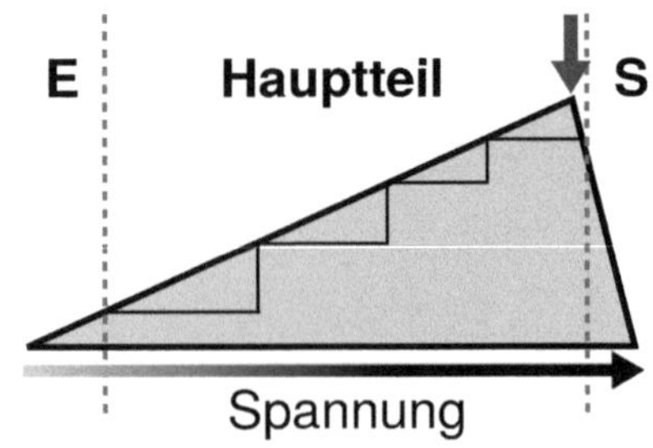


**Erzählperspektive**
Leg fest, aus welcher Perspektive du schreibst. Du kannst die Geschichte entweder aus deiner eigenen (***ich***) oder einer fremden Perspektive erzählen (***er/sie***).

**Erzählzeit**
Verwende das Präteritum und, falls nötig, das Plusquamperfekt (vgl. Kap. 2).

**Einleitung**
Hier nennst du Zeit und Ort des Geschehens, die beteiligten Personen und umreißt die Umstände. Orientiere dich an den *W*-Fragen: *wann?, wo?, was?, wer?, warum?* Deine Leser erhalten so einen kurzen Überblick.

**Hauptteil**
Stell den Verlauf des Erlebnisses dar. Baue Spannung auf, die sich immer weiter steigert (Spannungsbogen), bis du den **Höhepunkt** am Ende des Hauptteils erreichst. Du solltest also nicht schon alles in der Einleitung verraten.

**Schluss**
Hier klärst du die Geschichte auf und die Spannung fällt ruckartig ab. Der Schluss ist wie die Einleitung kurz und knapp und beendet die Geschichte passend. Du kannst noch einen kurzen Rückblick und einen Ausblick geben, wie sich die Geschichte weiterentwickeln könnte. Darin gehst du auf die Folgen der Geschehnisse ein.

**Übung 94:** Sind die Behauptungen über die Erlebniserzählung wahr oder falsch?

| | | **wahr** | **falsch** |
|---|---|---|---|
| a) | Von einem Erlebnis erzähle ich möglichst unrealistisch, z. B. von tanzenden Haien. | ○ | ○ |
| b) | Eine Erzählung besteht aus: Einleitung, Hauptteil und Schluss. | ○ | ○ |
| c) | Für eine bessere Vorstellung benutze ich aussagekräftige Verben. | ○ | ○ |
| d) | Einzelheiten sind für die Vorstellung unnötig. | ○ | ○ |

| | | | |
|---|---|---|---|
| e) | Die Spannung baut sich Stück für Stück auf, bis sie ihren Höhepunkt erreicht. | ○ | ○ |
| f) | Im Titel verrate ich bereits das Ende der Geschichte. | ○ | ○ |
| g) | Am Schluss kläre ich die Geschichte auf und die Spannung fällt ab. | ○ | ○ |
| h) | Erzählungen schreibe ich in der Ich- oder Er/Sie-Perspektive. | ○ | ○ |
| i) | In einer Erzählung sind keine Wörter erwünscht, die Spannung erzeugen. | ○ | ○ |

**Übung 95:** Lies die Sätze und wähle das passende Verb.

*überschäumte, prasselte, knackte, duftete, schellte, knallte, pirschte, befragte, überraschte, zog, dünstete, anbrannte, hochschnellte, erwischte, knarrte, riss*

a) Der Regen ______________ mit großer Wucht gegen die Scheibe.

b) Ein Tiger ______________ durch hohes Gestrüpp und ______________ einen grasenden Elch.

c) Das Essen ______________ nach Rosmarin und frisch gemahlenem Pfeffer.

d) Sie ______________ den Brokkoli in einem Topf, während der Fisch in der Pfanne ______________.

e) Der Polizist ______________ einen Zeugen, mit dessen Hilfe er den Einbrecher ______________.

f) Er ______________ den Korken aus der Flasche, bis es ______________ und der Sekt ______________.

g) Der alte Dielenboden ______________ und ______________ bei jedem Schritt.

h) Mein Wecker ______________ und ______________ mich aus dem Tiefschlaf, sodass ich ______________.

**Übung 96:** Lies die Geschichte. Markiere Einleitung Hauptteil und Schluss. Markiere außerdem alle spannungserzeugenden Wörter.

Im letzten Winter bereiste ich, Lukas Lücking, mit meinen Eltern die Stadt Dubai in den Vereinigten Arabischen Emiraten. Am dritten Urlaubstag sonnte sich Mama gerade am Pool, als Papa und ich zu einem Abenteuer aufbrachen: der Fahrt mit einem Schnellboot. Wir bewegten uns zielstrebig zum Pier, wo das gelbe, zweimotorige Boot bereits auf uns wartete. Ich trank noch schnell eine Flasche Wasser und wir gingen an Bord.
Zusammen mit 8 weiteren Passagieren legten wir vom Steg ab. Zuerst schipperte das Schnellboot langsam durch einen Kanal, vorbei an vielen Wolkenkratzern und unter vielen

Brücken her. Dann endlich, als wir nach 10 Minuten die hohe See erreichten, beschleunigte das Boot auf rasante 80 km/h. Die Leistung der Motoren beeindruckte mich. Sie brummten gleichmäßig, hinter ihren Schrauben schäumte das Wasser heftig. Es kribbelte jedes Mal in meinem Bauch, wenn das Boot über eine Welle sprang und wieder auf dem Wasser aufprallte. Es machte einen Riesenspaß! Plötzlich war da noch ein anderes Gefühl in meinem Bauch, eine Art Drücken, das mir bekannt vorkam. Oh nein, meine Blase sendete mir eindeutiges Signal. Ich hatte vor der Fahrt zu viel getrunken. Das Boot verfügte aber über keine Toilette, also musste ich den Drang zurückhalten. Das schien mir zu diesem Zeitpunkt noch realistisch, denn so dringend musste ich noch nicht. Wir hielten vor vielen Sehenswürdigkeiten wie Luxushotels und Palmeninseln an, damit die Fahrgäste sie fotografieren konnten. Ein Hotel besaß sogar einen eigenen Hubschrauberlandeplatz. Doch das war mir nun egal, denn der Blasendruck verstärkte sich. Meine Konzentration richtete sich jetzt ausschließlich auf mein dringendes Problem. Ich befürchtete, mir vor den anderen in die Hose zu pinkeln. Irgendwann drückte meine Blase nicht mehr, sondern sie stach. Papa meinte, ich solle vom Boot ins Meer machen. „Bei dem starken Fahrtwind und vor all den Leuten?“, fragte ich ungläubig. Keine gute Idee, also riss ich mich am Riemen. Während der letzten 10 Minuten Fahrtzeit spürte ich jede Welle in meinem Bauch, sie fühlten sich wie kräftige Hiebe an. Meine Zuversicht, mit einer trockenen Hose anzukommen, sank weiter. Und dann sah ich plötzlich etwas Wunderschönes: die Bootsanlegestelle!
Der Steg war nur noch einen Steinwurf entfernt. Herrlich! Kaum hatten wir daran angelegt, sprintete ich wie ein Gepard von Bord. Zum Glück wusste ich vom Hinweg zum Pier, wo sich ein Klo in der Nähe befand, in das ich hineinstürmte. Die Tür flog nur so auf, gut dass dahinter niemand stand. Puh, das war Rettung in allerletzter Sekunde! Dieser Moment der Erleichterung fühlte sich unbeschreiblich an und entwickelte sich zum schönsten Moment des gesamten Abenteuers.

---

**Übung 97:** Markiere alle aussagekräftigen Verben und wähle einen passenden Titel für die Erzählung.

**Tipp**: Ein guter Titel verrät nicht zu viel, passt zum Inhalt und erzeugt Spannung.

| | | | |
|---|---|---|---|
| Ein Bootsausflug in Dubai | ( ) | Heikle Situation auf hoher See | ( ) |
| Sprechende Wellen und fliegende Boote | ( ) | Rettung in letzter Sekunde | ( ) |
| Papa und ich auf dem Meer unterwegs | ( ) | Wie ich mir in die Hose machte | ( ) |

## 6.2 Von einer Fantasie erzählen

Eine Fantasie ist im Gegensatz zu einem Erlebnis **frei erfunden** und **unrealistisch**. Dennoch kann sie realistische Komponenten enthalten. Stell dir die Fantasie wie einen **Traum** vor: Meistens vereint sie unrealistische mit realistischen Merkmalen wie zum Beispiel eine bärenstarke Frau, die mit Elefanten jongliert. Die Elefanten und die Frau existieren wirklich, aber ihre Kraft ist unmenschlich.

Damit sich deine Leser oder Zuhörer deine Fantasie **gut vorstellen** können, ist es nicht nur wichtig, **was** du erzählst, sondern **wie** du es erzählst.

Sprachlich gelten daher ähnliche Regeln wie bei der Erlebniserzählung:

- Nutze präzise Verben und sinnvolle Adjektive.
- Formuliere bildhaft, indem du Einzelheiten beschreibst.
- Baue Wörter ein, die Spannung erzeugen, und wähle einen spannenden Titel.
- Gliedere die Fantasie nach: Einleitung, Hauptteil (mit Höhepunkt) und Schluss.
- Erzähle im Präteritum.
- Wechsle Satzanfänge und vermeide Wiederholungen. **Wortfelder** (Gruppen von Wörtern) helfen dir dabei.

Inhaltlich ist in der Fantasie **alles erlaubt**.

Anbei erhältst du ein paar **Ideen**, worauf du achten kannst:

1. Beschreibe den fantastischen Ort möglichst genau.
2. Charakterisiere die Personen:

   Was macht sie besonders?
   Welche Gaben besitzen sie?

3. Denk dir einen Protagonisten (Hauptrolle) aus, um den sich die Handlung dreht. Spiderman oder Schneewittchen, zum Beispiel, sind solche Protagonisten.
4. Gehe auf die Gefühle und Gedanken der Charaktere ein, das macht sie lebendig.
5. Nutze hin und wieder die wörtliche Rede, sie belebt die Geschichte ebenfalls.
6. Schreib die Fantasie lustig oder traurig, aber in jedem Fall spannend.

**Übung 98:** Überlege, welche Sätze zu einer **Fantasie** (F) und welche zu einem **Erlebnis** (E) passen.

a) Im Jahr 2365 erreichten wir den Planeten Siridius mit unserem Raumschiff. F
b) Mein Freund und ich wanderten durch einen dichten Wald. ____
c) Ein Duft von frischem Kiefernholz stieg mir in die Nase. ____
d) Der Löwe sprach: „Wenn wir sterben, werden unsere Körper zu Gras." ____
e) Eine riesige, fleischfressende Pflanze zerkaute den Pottwal. ____
f) Wir standen seit Stunden im Stau. Ich schlief vor Langeweile ein. ____
g) Ein Känguru hüpfte durchs Gelände, verharrte plötzlich und blickte uns an. ____
h) Die Tiere des Waldes versammelten sich, um einen Plan auszuhecken. ____
i) Plötzlich erschien eine gute Fee und begrüßte mich: „Hallo, ich heiße Lia." ____
j) Ein Rudel Wölfe verfolgte einen Rothirsch so lange, bis er erschöpft stürzte. ____
k) Auf dem Fußweg glänzte etwas Silbernes. Es war ein 2-Euro-Stück! ____
l) Das Ufo flog mit Lichtgeschwindigkeit an mir vorbei, ein Alien winkte. ____

**Übung 99:** Ordne die Verben den 3 **Wortfeldern** zu.
Schreib sie in die richtige Spalte.

*gaffen, erledigen, wahrnehmen, erkennen, speisen, schaffen, schlingen, schielen, öffnen, kosten, ausführen, bewältigen, erstellen, schauen, spähen, naschen, fressen, erarbeiten, nagen, ausüben, mampfen, umsetzen, zusehen, tüfteln, glotzen, futtern, schmausen, fixieren, reparieren, sichten, blicken, frühstücken, werkeln, knabbern, leisten, basteln, mustern, vollbringen, verzehren, beäugen*

| Wortfeld | | |
|---|---|---|
| ***sehen*** | ***tun/machen*** | ***essen*** |
| | | |

**Übung 100:** Ordne die **Satzbausteine** den passenden Überschriften zu, indem du Linien ziehst.

wir stiegen aus dem Raumschiff | einen Wunsch frei | Anweisungen von der Seitenlinie

kleiner Zauberstab mit Stern an der Spitze | Wesen mit messerscharfen, roten Zähnen beäugten uns

harter Torschuss aus dem Strafraum | die Fähigkeit zu fliegen, wohin ich will | Trainer

**Unser Abenteuer auf dem Planeten Siridius** | **Meine Begegnung mit einer guten Fee** | **Emmas erstes Fußballtraining**

die Siridianer luden uns zum Essen ein | auf der Speisekarte standen wir | Slalom mit Ball

Sie sprach: „Heute ist dein Glückstag!“ | wedelte mit dem Stab und besiegelte den Zauberspruch

felsige Oberfläche, soweit das Auge reicht | obere, linke Ecke | drei Runden aufwärmen

---

**Übung 101:** Handelt es sich um Fantasie- oder Erlebnisgeschichten?

a) Unser Abenteuer auf dem Planeten Siridius ____________________

b) Meine Begegnung mit einer guten Fee ____________________

c) Lisas erstes Fußballtraining ____________________

## 6.3 Eine Fortsetzung oder Ausgestaltung anfertigen

Manchmal sind Geschichten oder Erzählungen unvollendet. Eine Aufgabe für dich könnte es sein, sie **fortzusetzen** und ein **treffendes Ende** zu formulieren. Oder die Erzählung liegt nur in Form eines knappen und lückenhaften **Erzählkerns** vor – dann kannst du diesen **ausgestalten**. Das ist nicht sonderlich schwierig, denn dir liegen ja **hilfreiche Informationen** vor, die du dir genau anschaust.

**Fortsetzung**
Liegt dir ein Erzählanfang vor, der womöglich spannend ist, nur leider bricht die Erzählung abrupt ab? Jetzt ist deine Vorstellungskraft gefragt. Halte dich an Folgendes:

- Lies den Text aufmerksam: Welche Informationen erhältst du über Ort, Zeit und Personen?
- Halte dich an die Vorgaben: Ist es ein realistisches Erlebnis oder eine unrealistische Fantasie?
- Führe die Erzählung in derselben Erzählperson fort, z. B. in der Ich-Perspektive.

- Erzeuge Spannung, indem du dich in die Situation, die Personen und den Ort hineinversetzt.
- Bring die Erzählung gut zu Ende: Auf welchen Höhepunkt steuerst du zu?

**Ausgestaltung**
Hast du eine lückenhafte Erzählung erhalten? Reicht sie zwar von Anfang bis Ende, aber ist der Hergang oder die Situation wegen fehlender Details unklar? In diesem Fall ist es deine Aufgabe, diese knappe Darstellung auszuschmücken. Achte auf Folgendes:

- Du erhältst einen Erzählkern (Haupthandlungsstrang), der dich auf den Ort, die Zeit und die Personen hinweist. Diesen Erzählkern musst du beibehalten, du darfst ihn nicht verändern.
- Finde die richtige Wortwahl, um die Geschichte auszuschmücken. Deine Ausgestaltung muss ebenfalls zum Erzählkern und zur Erzählperson passen.
- Prüfe genau: Ist es ein Erlebnis oder eine Fantasie?
- Dein Ziel ist es, den trockenen Erzählkern in eine unterhaltsame Erzählung zu verwandeln.

**Übung 102:** Welches Adjektiv passt nicht in die Reihe? Unterstreiche es.

a) **Figur**: dünn, dick, schmal, elegant, gelb
b) **Frisur**: kahlköpfig, hölzern, buschig, lockig, blond
c) **Boden**: steinig, witzig, moosig, fest, locker
d) **Person**: hellhäutig, glatt, sportlich, rothaarig
e) **Stimmung**: lustig, ernst, düster, nass
f) **Ort**: freundlich, weitläufig, einladend, stur
g) **Gefühl**: heiter, traurig, frech, schockiert
h) **Charakter**: stürmisch, vergesslich, besonnen, eckig
i) **Wetter**: wolkig, böse, regnerisch, hell
j) **Ereignis**: aufregend, salzig, langweilig, laut

---

**Übung 103:** Welche Aussagen sind wahr, welche falsch? Die **Fortsetzung**...

| | **wahr** | **falsch** |
|---|---|---|
| a) basiert auf einem Erzählkern. | ○ | ○ |
| b) basiert auf einem Erzählanfang. | ○ | ○ |

| | | | |
|---|---|---|---|
| c) | kann ein Erlebnis oder eine Fantasie sein. | ○ | ○ |
| d) | sollte spannend sein. | ○ | ○ |
| e) | benötigt einen Höhepunkt. | ○ | ○ |
| f) | liegt von Anfang bis Ende vor. | ○ | ○ |
| g) | ist das Gleiche wie eine Ausgestaltung. | ○ | ○ |
| h) | sollte auf den Vorgaben basieren. | ○ | ○ |
| i) | schreibe ich immer in der Ich-Perspektive. | ○ | ○ |
| j) | basiert immer auf einer Fantasie. | ○ | ○ |

---

**Übung 104:** Bring die Sätze des **Erzählkerns** (Handlungsstrangs) in die richtige Reihenfolge.

a) Also schlug Marina vor, stattdessen zu den Gorillas zu gehen.
b) Nach diesem Ereignis fuhren Marina und Sarah erschöpft nach Hause.
c) Die beiden bemerkten, dass das Gehege völlig leer war.
d) Aber dort kamen sie gar nicht an, denn sie mussten sich plötzlich in Sicherheit bringen.
e) Gestern besuchte Marina mit ihrer Freundin Sarah einen Tierpark.
f) Schließlich konnten die Wärter die Tiger betäuben und einfangen.
g) Die Tiger streiften im Park frei umher.
h) Vom Eingang aus steuerten sie zuerst auf das Tigergehege zu.

**Die richtige Reihenfolge:** ( e ) → (   ) → (   ) → (   ) → (   ) → (   ) → (   ) → (   )

---

**Übung 105:** Beantworte die Fragen zum Erzählkern aus der vorherigen Aufgabe.

a) Wer büxte aus dem Gehege aus?
die Tiger ( ) die Gorillas ( ) Marina und Sarah ( )

b) Wo geschieht alles?
im Theater ( ) im Zirkus ( ) im Tierpark ( )

c) Wer sind die Protagonisten?
die Wärter ( ) die Tiger ( ) Marina ( )

d) Was ist der Höhepunkt der Erzählung? Als...
Marina und Sarah das leere Gehege sahen. ( )
die Wärter die Tiger einfangen konnten. ( )

e) Um welche Art von Erzählung handelt es sich?

Fantasie ( ) Erlebnis ( ) Fantasieerlebnis ( )

**Übung 106:** Nun bist du an der Reihe: Schreibe eine spannende Ausgestaltung des Erzählkerns.

## 6.4 Eine Bildergeschichte ausgestalten

Eine gute Bildergeschichte stützt sich auf die **Vorgaben der Bilder**. Die Bilder geben dir den **Erzählkern** (Handlungsstrang) vor, den du ausgestalten sollst. Schau dir dazu die Bilder sehr genau an und stell dir vorab folgende Fragen:

- Welche Details fallen dir an den Personen auf? Achte auf Gesichtsausdrücke und Gesten.
- Welche Gegenstände spielen eine Rolle? Sie verstecken sich oft irgendwo am Rand.
- Wo spielt die Handlung? Erkennst du das Wetter oder sonstige Auffälligkeiten?
- Wie hängen die Bilder zusammen bzw. wie entwickelt sich die Handlung?
- Wo liegt der Höhepunkt und welche Schlusspointe hat die Geschichte?

Mithilfe der Fragen verstehst du, worum es auf den Bildern geht. Solange dir das unklar ist, kannst du die Geschichte noch nicht schreiben. Prüfe in diesem Fall die Bilder erneut. Notiere dir anschließend **Stichpunkte** zu den einzelnen Bildern, sie bilden die **Basis** deiner Erzählung. Mit deinen Ideen kannst du die **Handlungslücken** schließen. Denk dir dafür spannende **Übergänge** zwischen den Bildern aus. Hierbei kannst du kreativ werden, allerdings darf es **nicht verwirrend** oder **unpassend** sein.

**Beispiel**: Stell dir vor, auf dem 1. Bild ist ein unachtsames Kind auf einem Fahrrad zu sehen, das direkt auf eine Laterne zufährt. Auf dem 2. Bild liegt dasselbe Kind auf dem Gehweg, da es offensichtlich gestürzt ist. Hier darfst du die Laterne nicht gegen einen Fußgänger austauschen. Aber das Kind könnte in Gedanken bei einem Videospiel und deshalb unachtsam gewesen sein, oder?

Im Übrigen gelten die **Regeln einer guten Erzählung**:

- spannende Überschrift, die Neugierde weckt
- Einleitung, Hauptteil mit Höhepunkt, Schluss
- Erzählperspektive abhängig von Bildern: *ich, er, sie, es*
- Vorstellung: schöne Verben und Adjektiven verwenden
- wörtliche Rede einbauen, um Gefühle / Gedanken lebendig zu erzählen
- Zeitform: Präteritum

**Übung 107:** Welche Aussagen über die **Bildergeschichte** sind wahr und welche Aussagen sind falsch?

| | | **wahr** | **falsch** |
|---|---|---|---|
| a) | Die Bilder geben mir den Erzählkern (Handlungsstrang) vor. | ○ | ○ |
| b) | Die Vorgaben auf den Bildern sind unwichtig. | ○ | ○ |
| c) | Ich achte auf die Details: Personen, Gegenstände, Ort etc. | ○ | ○ |
| d) | Bildergeschichten haben keinen Höhepunkt und keine Pointe. | ○ | ○ |
| e) | Eine Bildergeschichte schreibe ich im Futur I. | ○ | ○ |
| f) | Die passende Erzählperspektive verraten mir die Bilder. | ○ | ○ |
| g) | Das Geschehen kann und sollte ich vorab in Stichpunkten strukturieren. | ○ | ○ |
| h) | Wörtliche Rede sorgt für mehr Lebendigkeit. | ○ | ○ |
| i) | Die Reihenfolge der Bilder ist unwichtig. | ○ | ○ |

**Übung 108:** Beschäftige dich erneut mit Wortfeldern. Ordne die Wörter den richtigen Spalten zu.

*düsen, gerührt, fliegen, erhaschen, fallen, verblüfft, fließen, wütend, packen, aufgeregt, strömen, betrübt, enttäuscht, schnappen, gelangweilt, froh, bestürzt, stehlen, schockiert, reisen, gleiten, verliebt, hüpfen, plündern, greifen, entreißen, schieben, pendeln, verwirrt, absahnen, abstauben, fassen, rollen, einsacken, laufen, fahren, unruhig, springen, rutschen, einstecken, wehen, entwinden*

| | **Wortfeld** | |
|---|---|---|
| *fortbewegen (Verben)* | *Gefühlszustände (Adjektive)* | *nehmen (Verben)* |
| | | |

**Übung 109:** Bringe die Bilder in die richtige Reihenfolge und beantworte die Fragen.

**Bild 1**

**Bild 2**

**Bild 3**

**Bild 4**

**Bild 5**

**Bild 6**

**Die richtige Reihenfolge:** ( ) → ( ) → ( ) → ( ) → ( ) → ( )

a) Wessen wurden die beiden Jungs Zeuge?

| | | | |
|---|---|---|---|
| eines Raubüberfalls | ( ) | einer Geldabhebung | ( ) |
| nichts | ( ) | einer Schlägerei | ( ) |

b) Wogegen fuhren die Banditen bei ihrer missglückten Flucht? Gegen...

| | | | |
|---|---|---|---|
| eine Ampel | ( ) | eine Laterne | ( ) |
| nicht eindeutig | ( ) | ein parkendes Auto | ( ) |

c) Wohin flohen die Banditen, nachdem ihr Wagen fahruntüchtig geworden war?

| | | | |
|---|---|---|---|
| in eine Einfahrt | ( ) | in einen Park | ( ) |
| die Straße entlang | ( ) | sie flohen nicht | ( ) |

d) Wer half der Polizei, die Banditen zu schnappen?

| | | | |
|---|---|---|---|
| die beiden Jungs | ( ) | eine Bankmitarbeiterin | ( ) |
| ein Anwohner | ( ) | niemand | ( ) |

## 6.5 Eine Nacherzählung schreiben

Stell dir vor, du hast eine **ausführliche Geschichte** gelesen, die dir sehr gefallen hat. Sie war spannend und witzig, aber auch ziemlich lang. Etwas zu lang für deinen Geschmack. Nun willst du einem Freund oder einer Freundin davon erzählen. Aha! An dieser Stelle benötigst du eine **Nacherzählung**.

In der Nacherzählung gibst du eine gelesene oder gehörte Erzählung in **eigenen Worten** wieder. Dafür **kürzt** du den Inhalt auf **das Wesentliche**, streichst also **unwichtige Passagen**, ohne dass dabei **Spannung** und **Lebendigkeit** des Originals verloren gehen. Du **stauchst** den Handlungsstrang sozusagen, denn die **Reihenfolge der Ereignisse** darfst du nicht verändern. Außerdem erfindest du keine Figuren oder Orte oder gestaltest Situationen aus. Genau wie die Originalgeschichte besteht auch deine Nacherzählung aus **Einleitung, Hauptteil und Schluss.** Besonders wichtig ist das **Ergebnis** der Geschichte (Pointe), das du unbedingt übernimmst. Wenn du dich an diese Regeln hältst, beweist du damit, dass du den Inhalt verstanden hast. Hier noch ein paar Tipps:

- Halte die Reihenfolge ein:
  Notiere dir vorher stichpunktartig die Erzählschritte.
- Schreibe im Präteritum.
- Übernimm die Personalform der nacherzählten Geschichte.
- Halte dich an den Stil: Ist es ein Märchen, schreib märchenhaft. Handelt es sich um eine witzige Erzählung, erzähle sie witzig nach.

- Verwende eigene Worte: Etwas nachzuerzählen heißt nicht, es abzuschreiben. Mit Ausnahme von wörtlicher Rede, die du übernehmen darfst.
- Vermeide Wiederholungen in deiner Wortwahl.
- Nutze anschauliche Adjektive und lebendige Verben: Wichtig für die Spannung.
- Du kannst sowohl reale als fiktive Geschichten nacherzählen

**Übung 110:** Lies die Sätze und füge ein spannungserzeugendes Wort aus dem Kasten hinzu:

| |
|---|
| *zähnefletschend, raste, Plötzlich, haushohe, versteinerte, unmittelbar, fürchterlich, Auf einmal, stockte, unfassbaren, überfluten, Haaresbreite* |

a) Als er sich umdrehte, __________ er: Ein kläffender Straßenhund __________ mit hohem Tempo auf ihn zu und blieb __________ vor ihm stehen.

b) Sie spazierten über das Feld. __________ erhellte ein riesiger Blitz den Himmel und schlug __________ vor ihren Füßen ein. Um __________ hatte er sie verfehlt.

c) Die Nacht brach ein, im Zeltlager war es still. __________ ertönte ein lautes Kreischen aus dem Nachbarzelt. Was war los? Eine Ringelnatter hatte Unterschlupf im Schlafsack des Mädchens gesucht und sie __________ erschreckt.

d) Als sie auf das Meer hinaus blickte, __________ ihr der Atem. Eine __________ Welle steuerte mit der __________ Energie von Tausend Lastwagen auf sie zu. Bereit, alles zu __________, was sich am Ufer aufhielt. Reichte die Zeit noch, um ihr zu entkommen?

---

**Übung 111:** Welche Aussagen über die Nacherzählung sind wahr, welche falsch?

| | | **wahr** | **falsch** |
|---|---|---|---|
| a) | Eine Nacherzählung kann ich völlig frei gestalten und ausschmücken. | ○ | ○ |
| b) | Es ist wichtig, den Handlungsstrang, die Figuren und Orte des Originals zu übernehmen. | ○ | ○ |
| c) | Ich sollte dieselbe Personalform wie in der Originalgeschichte wählen. | ○ | ○ |
| d) | Nacherzählungen sind genau so lang wie ihre Originale. | ○ | ○ |

| | | **wahr** | **falsch** |
|---|---|---|---|
| e) | Eine gute Nacherzählung ist kürzer als das Original, aber trotzdem spannend und lebendig. | ○ | ○ |
| f) | Einleitung, Hauptteil und Schluss gibt es in der Nacherzählung nicht. | ○ | ○ |
| g) | Gute Nacherzählungen besitzen einen ähnlichen Stil wie ihre Originale. | ○ | ○ |
| h) | Wie bei allen Erzählungen sind anschauliche Adjektive und lebendige Verben vorteilhaft. | ○ | ○ |

---

**Übung 112:** Lies die Einleitungen. Unterstreiche die Passagen, die du in einer Nacherzählung auslassen könntest, ohne die Handlung zu gefährden oder die Spannung zu verlieren.

a) **Das magische Leder**

Einst lebte ein eifriger Schuster, der hart für seinen Lebensunterhalt arbeitete. Er war ein Meister seines Fachs und verstand sein Handwerk wie kein Zweiter. Dennoch machte sich seine Geschicklichkeit kaum bezahlt. Er schuftete tagein, tagaus, doch das Geld war jeden Monat knapp. Mit seiner Familie lebte er an der Armutsgrenze. Es fehlte ihnen an Kleidung und manchmal auch an Essen. Eines Tages besuchte ihn ein sehr alter Mann, der zerbrechlich aussah und am Stock ging. Jemand hatte dem alten Mann den Schuster empfohlen, von dem er sich nun ein Paar anfertigen lassen wollte. Dafür brachte er sogar sein eigenes Leder mit, ein besonderes Leder, das bläulich glänzte, als hätte ihm jemand magische Eigenschaften verliehen...

b) **Lenas Begegnung mit einem Fabelwesen**

Neulich erlebte Lena einen denkwürdigen Tag, denn sie begegnete einem Fabelwesen. Sie hatte soeben das Haus verlassen, da erschien urplötzlich eine Fee vor ihr. Sie hatte eine zierliche Gestalt mit schmetterlingshaften Flügeln, die mit der Frequenz eines Kolibris schlugen. Und sie trug ein hübsches goldenes Krönchen auf ihrem blonden Schopf. Es war wie im Märchen. Mit einem kleinen Zauberstaub wedelte sie vor Lenas Nase herum und begrüßte sie mit einem herzlichen „Hallo“. Ihre Stimme war wohlklingend und ihr Duft auf undefinierbare Weise anziehend. Wie versteinert starrte Lena die Fee mit offenem Mund an, während sie eine Mischung aus Glück, Furcht und Neugier verspürte. Ungläubig blickte sie nach links und rechts, um die Umgebung zu betrachten und sicherzustellen, dass sie nicht träumte. Aber es war kein Traum, die Fee existierte. Sie begann zu erklären: „Lena, ich beobachte dich schon lange durch ein Teleskop aus einer fernen Galaxie. Du sehnst dich wie kein anderer Mensch nach etwas ganz Bestimmten. Das finde ich beeindruckend! Und dieser langersehnte Wunsch soll nun für dich in Erfüllung gehen.“ Das klang zweifellos merkwürdig, aber Lena blieb offen und neugierig. Die Fee stellte lediglich eine klitzekleine Bedingung, bevor sie Lena den Wunsch erfüllen wollte: Es gebe da eine kleine Aufgabe, bei deren Bewältigung sie Lenas Hilfe benötige...

## Notizen

# 7 Wie du beschreibst und berichtest

## 7.1 Von einem Erlebnis, Geschehen oder Ereignis berichten

Einen Bericht verfasst du im Gegensatz zu einer Erzählung **ohne Spannung** und **Wertung**. Allein die **Informationen** sind wichtig, die du möglichst kurz und präzise vermittelt. Dafür gliederst du deinen Bericht wie folgt:

- **Einleitung**: Berichte kurz, worum es geht.

  **Wer** war beteiligt? **Was** geschah? **Wann** und **wo** spielte es sich ab?

- **Hauptteil**: In diesem längsten Teil berichtest du den genauen Hergang.

  **Wie** und **warum** kam es zu dem Ereignis? **Was** genau passierte?

- **Schluss**: Informiere kurz über die Folgen.

  **Welche** Konsequenzen hatte das Ereignis?

Orientiere dich stets an den **W-Fragen** und notiere dir zunächst **Stichpunkte**. Dadurch fällt es dir leichter, den Bericht zu verfassen. Anbei noch ein paar **Tipps** für einen gelungenen Bericht:

- Schreib **ohne Spannung** und **wörtliche Rede**.
- Schildere die Ereignisse **sachlich** und **objektiv**:
  ohne Wertungen, Meinungen, Gefühle.
- Vermittle die Informationen **kurz und präzise**.
- Streiche **Unwichtiges** aus deinem Bericht.
- Verwende **keine Abkürzungen**, da sie nicht eindeutig sein könnten.
- Streue passende **Fachbegriffe** ein: z. B. „Botanik", wenn es um Pflanzen geht.
- Wähle eine passende **Perspektive**, abhängig vom Geschehen: ich, er, sie, es.
- Berichte im **Präteritum**.
- Erkenne die **Art des Berichts**: Erlebnis-, Unfall-, Polizei-, Reise-, Zeitungsbericht etc.

**Übung 113:** Welche Aussagen über den Bericht sind wahr, welche falsch?

| | | wahr | falsch |
|---|---|---|---|
| a) | Ein guter Bericht ist möglichst spannend und mitreißend geschrieben. | ○ | ○ |
| b) | Als Orientierung dienen mir W-Fragen. | ○ | ○ |
| c) | Ein Bericht beschränkt sich auf die wichtigsten Informationen. | ○ | ○ |
| d) | Berichte haben keine Einleitungen. | ○ | ○ |
| e) | Ich verfasse den Bericht im Präteritum, der einfachen Vergangenheit. | ○ | ○ |
| f) | Im Hauptteil schreibe ich über die Folgen des Ereignisses. | ○ | ○ |
| g) | Ich kann passende Fachbegriffe benutzen, die professionell wirken. | ○ | ○ |
| h) | Gefühle und Meinungen haben in einem Bericht nichts verloren. | ○ | ○ |
| i) | Es gibt verschiedene Berichtsarten, einer davon ist der Reisebericht. | ○ | ○ |
| j) | Ein guter Bericht ist sachlich und objektiv, ohne Wertungen. | ○ | ○ |
| k) | Berichte und Erzählungen sind das Gleiche. | ○ | ○ |
| l) | Die Perspektive ist abhängig vom Geschehen. | ○ | ○ |

**Übung 114:** Lies den Zeitungsbericht. Unterstreiche die wichtigsten Informationen und beantworte anschließend kurz und knapp die W-Fragen.

**Ungewöhnlicher Rettungseinsatz: Ehepaar treibt in Segelboot hilflos auf dem Rhein**

Am Mittwochnachmittag erhielt die Feuerwehr Köln die Meldung über ein Boot auf dem Rhein. Ein Ehepaar war damit in Not geraten und trieb unkontrolliert flussabwärts. Wie die Feuerwehr mitteilte, mussten Einsatzkräfte mit Unterstützung der Polizei das Boot samt seiner Besatzung zunächst suchen. Sie entdeckten es schließlich im Rheinstrom in Höhe des Kölner Stadtteils Rodenkirchen. Mit einem Megafon nahmen die Einsatzkräfte umgehend Kontakt mit den Eheleuten auf. Sie waren in die Situation geraten, weil sich das neun Meter lange Segelboot wegen eines Motorschadens nicht mehr steuern ließ. Die Eheleute hatten daraufhin drei Anker abgelassen, die aber das Boot aufgrund der starken Rheinströmung nicht sicher hielten. Deshalb trieb das Boot flussabwärts und drohte, mit anderen Schiffen zusammenzustoßen. Letztlich schleppte ein Rettungsboot aus Köln das Segelschiff stromaufwärts zum nächsten Hafen. Es wurde niemand verletzt. Der Motorschaden belief sich auf circa drei Tausend Euro, wie ein Bootsmechaniker mitteilte.

a) **Was** geschah? ____________________

b) **Wer** war in Not geraten? ____________________

c) **Wo** trieb das Boot? ____________________

d) **Wann** ereignete sich alles? ____________________

e) **Wie** und **warum** geschah es? ____________________

f) **Welche** Folgen hatte es? ____________________

**Übung 115:** Die folgenden Sätze enthalten Gefühle, Wertungen und unwichtige Informationen. Unterstreiche sie und schreib die Sätze für einen Bericht um.

a) In der Nacht von Donnerstag auf Freitag herrschte ein fürchterliches Gewitter. Vor unserer Haustür schlug ein Blitz so heftig in eine Eiche ein, dass ich vor Schreck aus dem Bett fiel.

_______________________________________________

_______________________________________________

b) Vorige Woche brannte es bei einem verliebten Hausbesitzer. Er telefonierte stundenlang mit seiner neuen Freundin und vergaß mal wieder, den Backofen auszustellen.

_______________________________________________

_______________________________________________

c) Die Polizei nahm gestern einen verdächtigen Mann fest, der ein Auto mit Sitzheizung und Lederausstattung stehlen wollte. Der Mann schrie: „Haut ab, ich habe nichts verbrochen!“

_______________________________________________

_______________________________________________

## 7.2 Eine Person beschreiben

Auf der Erde leben knapp 8 Milliarden Menschen (Stand 2021) und jeder von ihnen hat **individuelle Merkmale**, die ihn ausmachen. Manchmal müssen wir zweimal hinsehen, um sie zu erkennen, aber sie sind da. Diese **Feinheiten** sollst du bei einer Personenbeschreibung **bestmöglich beschreiben**. Dabei beschränkst du dich auf das, was du **siehst**: die **äußerliche Erscheinung**. Du vermeidest also Rückschlüsse auf den Charakter, die Gefühle oder Gedanken der Person.

Deine Beschreibung sollte eine **klare Struktur** haben. Halte dich an die Regel: „von groß nach klein“. Beginne allgemein und werde immer präziser. Lege außerdem die Richtung fest, in der du beschreibst: z. B. von Kopf bis Fuß. Anschließend machst du dir Stichpunkte zu den drei Bereichen:

1. **Allgemeine Angaben, grobe Beschreibung**
   - Geschlecht, Alter, Herkunft, Beruf und Name
   - Wo befindet sich die Person? Was erkennst du im Hintergrund?
2. **Detaillierte Angaben zum Aussehen**
   - Körperbau: Größe, Statur, Haltung, Körpersprache
   - Kopf und Gesicht: Frisur, Haarfarbe, Hautfarbe, Mimik, Kopfform, Augenfarbe, Augenbrauen, Zähne, Kinn, Hals, sonstige Auffälligkeiten (Brille o. ä.)

- Kleidung: Ober- und Unterbekleidung, kurz- oder langärmelig, Stoff, Farbe, Schuhe
- Gliedmaßen: Muskeln, Behaarung, Umfang, Länge, Position (z. B. gefaltete Hände)

3. **Sonstige Auffälligkeiten und einzigartige Merkmale**

- Schmuck (Ketten, Ringe, Ohrringe etc.), Tätowierungen, Piercings, Narben, Muttermale
- Was fällt dir besonders auf?

**Wichtig**: Eine Personenbeschreibung besteht immer aus **ganzen Sätzen**, sie ist **keine Auflistung**.

Formuliere die Sätze **sachlich** und **wertfrei**, nutze **abwechslungsreiche Adjektive** und vermeide Wiederholungen. Schreibe abhängig vom Geschlecht in der Sie- oder Er-Perspektive und im **Präsens**. Andere sollen dank deiner Beschreibung ein **Gesamtbild der Person** erhalten. Das ist dein Ziel.

---

**Übung 116:** Unterstreiche die **unnötigen** bzw. **wertenden** Informationen in den Auflistungen.

a) **Frau**: ca. 40 Jahre, ca. 1,70 m, intelligent, hellhäutig, blonde Locken, roter Lippenstift, Linkshänderin, hellblaue Jeans, ernste Miene, schwarze Lederjacke, schlank, gläubig

b) **Junge**: etwa 10 Jahre, Zahnlücke zwischen den Schneidezähnen, hässlicher Pullover, hellbraune Haare, offenes Lächeln, normale Nase, dunkle kurze Hose, weiße Sportschuhe, gut in Mathe

c) **Mann**: ca. 25 Jahre, ungefähr 1,80 m, dunkelhäutig, Sonnenbrille, teurer Anzug, schlank, schönes Hemd, beigefarbene Krawatte, bestimmt Bankangestellter, schwarze Lederschuhe

d) **Mädchen**: ca. 12 Jahre, etwa 1,50 m, sitzend auf Pferd, hübsch, schwarze Haare, breites Lächeln, große Narbe an linkem Arm, 5 Finger an rechter Hand, blaue Leggins, Reitstiefel, gute Sängerin

---

**Übung 117:** Welche Adjektive sind für eine Personenbeschreibung geeignet?
**Tipp**: Ungeeignet sind alle Adjektive, die wertend oder wenig informativ sind.

*riesig, schlau, stämmig, gestreckt, zuverlässig, reich, behaart, ernst schauend, langweilig, lächelnd, bösartig, menschlich, attraktiv, südländisch, vernarbt, bekleidet, schrecklich, zweibeinig, hellhäutig, gebückt, dumm, gepflegt, verrückt, unsympathisch, grimmig blickend, dunkelhäutig, blass, fett*

| Adjektive | |
|---|---|
| **geeignet** | **ungeeignet** |
| | |

**Übung 118:** Notiere dir Stichpunkte zu folgender Person.
Orientiere dich an den Oberbegriffen.

Bildquelle: https://burst.shopify.com

Geschlecht: __________ Größe: __________

Alter: __________ Herkunft: __________

Körperbau: __________

Kopf und Gesicht: __________

__________

Kleidung: __________

__________

Gliedmaßen: __________

__________

Sonstige Auffälligkeiten: __________

__________

**Übung 119:** Beschreibe nun die Person in ganzen Sätzen. Die Struktur haben dir schon deine Stichworte geliefert, formuliere sie einfach aus.

## 7.3 Ein Tier beschreiben

Eine Tierbeschreibung ist ebenso wie eine Personenbeschreibung **sachlich** und enthält **keine Wertungen**. Du beginnst mit **allgemeinen** Informationen über die **Gattung**, **Art** oder **Unterart**. Anschließend beschreibst du **Aussehen**, **Größe** und **Gestalt**. Dabei wählst du eine **logische Struktur**: Beschreibe das Tier von oben nach unten oder von links nach rechts. Schließlich ergänzt du **wissenswerte Informationen**, z. B. zum Lebensraum, der Nahrung, den Fressfeinden und dem Verhalten. Tipps:

- Schau dir vorab ein Bild des Tiers an und mach dir Notizen.
- Verwende das Präsens und die Es-Form.
- Nutze abwechslungsreiche Adjektive und aussagekräftige Verben.
- Benenne einzelne Körperteile präzise, damit deine Leser ein besseres Bild erhalten.
- Fachbegriffe sind erwünscht.

**Übung 120:** Hier ist etwas vertauscht! Teile den Tieren die richtige Beschreibung zu.

a) **Elefant**:

Großkatze – gestreiftes Fell – spitze Fangzähne – kräftige Gestalt – scharfe Krallen

b) **Tiger**:

Höheres Säugetier – flexibler Rüssel – große, lappenartige Ohren – lange Stoßzähne

c) **Okapi**:

Amphibie – dämmerungsaktiv – ernährt sich von Insekten – braune, warzige Haut

d) **Erdkröte**:

größter Fisch – filtert Plankton aus dem Wasser – bläuliche Haut mit weißen Flecken

e) **Walhai**:

Paarhufer – lebt in Zentralafrika – frisst Blätter und Knospen – rötlich-braunes Fell

---

**Übung 121:** Ordne die aussagekräftigen Verben den Sätzen zu. (Quelle: *Wikipedia*)

*wiegt, zählt, anhäuft, errichtet, verdaut, vergiftet, dauert, durchschwimmt, verhält, lebt, erschließt, haften, fastet, erreicht, aushängen, gelingt, bevorzugt, bezeichnen, jagt, verschlingt, sammelt*

a) Die Anakonda, aus der Familie der Boas, ____________ ihre Beute als Ganzes. Hierfür muss sie ihren Kiefer ____________ , nur so ____________ ihr das Verschlingen. Anschließend ____________ sie so lange, bis sie die Nahrung ____________ hat. Das ____________ oft Monate.

b) Der Blauwal __________ zur Familie der Furchenwale und __________ ein Gewicht von bis zu 200 Tonnen. Seine Zunge __________ mehr als ein Elefant. Er __________ Wolken aus Krill (Zooplankton), der an den sogenannten Barten __________ bleibt.

c) Die Rote Waldameise __________ sonnige Stellen am Waldrand. Hier __________ sie in großen Kolonien mannshohe Nester, die wir umgangssprachlich als Ameisenhaufen __________. Wahrscheinlich, weil sie Baumnadeln, kleine Äste und Moos __________.

d) Die Wasserspinne ist die einzige Spinnenart, die unter Wasser __________. Diesen Lebensraum __________ sie sich, indem sie Atemluft mithilfe eines dicht gesponnenen Netzes in Ufernähe __________. Unter Wasser __________ sie Flohkrebse und Wasserasseln, die sie mit einem Biss __________. Im Vergleich zu anderen Spinnen __________ sie sich ungewöhnlich.

## 7.4 Einen Gegenstand beschreiben

Carl: *„Neulich habe ich so ein Ding am Himmel gesehen. Ich weiß aber nicht mehr, wie es heißt.“*

Lara: *„Na, dann beschreib es doch einfach, vielleicht kann ich dir helfen.“*

Carl: *„Also es war so ein fliegendes Ding mit Menschen darin.“*

Lara: *„Ein Hubschrauber?“*

Carl: *„Nein, ohne Motor. Viel umweltfreundlicher.“*

Lara: *„Ein Segelflugzeug?“*

Carl: *„Nein! Das war eher so ein Ding, das nur bei gutem Wetter abhebt. Wie ein riesiger Ballon, an dem ein Korb voller Menschen hängt.“*

Lara: *„Ach so, du meinst einen Heißluftballon. Sag das doch gleich!“*

Carl: *„Wollte ich ja. Aber ich wusste doch die Bezeichnung nicht. Hast du mir eigentlich zugehört?“*

Ging es dir auch schon so wie Carl? Häufig wollen wir anderen von einem **Gegenstand** berichten, den wir gesehen haben, aber die Bezeichnung fällt uns leider nicht ein. Dann ist es Zeit für eine ordentliche **Gegenstandsbeschreibung**, damit die anderen eine **Vorstellung** davon bekommen, was wir meinen. Hierfür schaust du dir den Gegenstand zunächst genau an. Welche **Merkmale und Eigenschaften** hat er? Mach dir daraufhin Stichpunkte zu den folgenden Begriffen:

**BESCHREIBUNG:**

- Dimensionen (Größe, Gewicht, Volumen etc.)
- Material, Form und Farben
- Funktion und Einsatzbereich

Dann wandelst du die Stichpunkte in **ganze Sätze** um.
Gliedere deine Beschreibung:

1. **Einleitung**
   Benenne den Gegenstand kurz und präzise. Ein Satz genügt.
2. **Hauptteil**
   Beschreibe nun allgemeine, augenfällige Merkmale. Danach widmest du dich den Besonderheiten des Gegenstands. Reihenfolge: Vom Allgemeinen zum Besonderen.
3. **Schluss**
   Erwähne nun die Funktion oder den Einsatzbereich. Ein Satz genügt.

Wenn du dabei anschauliche Verben und Adjektive verwendest, erhöht sich die Vorstellungskraft deiner Zuhörer oder Leser nochmals. Bleib im Präsens, wähle einen simplen Satzbau und formuliere sachlich. Wertungen und Meinungen haben hier nichts verloren. Dafür kannst du ein paar Fachbegriffe einstreuen, die dich professioneller wirken lassen. Viel Spaß beim Beschreiben!

---

**Übung 122:** Lies die Beschreibung und unterstreiche alle Wertungen und Meinungen.

Der gesuchte Gegenstand ist spaßig und kann gleiten. Er besteht aus einem mehrfach gefalteten DIN A4-Blatt. Ganz schön clever! Im gefalteten Zustand weist er eine Länge von etwa 15 cm und eine Breite von circa 10 cm auf. Der weiße Gegenstand besitzt schöne Flügel, womit er einem echten Flugzeug ähnelt. Die meisten können so etwas nicht bauen, aber ich schon. Der Zweck des Gegenstands ist es, möglichst lange in der Luft zu gleiten, nachdem man ihn schwungvoll geworfen hat.

**Von welchem Gegenstand ist die Rede?** ____________________

---

**Übung 123:** Welche Einleitungssätze sind geeignet? Kreuze an.

a) Im Folgenden beschreibe ich eine wunderschöne Vase, die meiner Großmutter gehört. ( )

b) Auf dem Bild ist ein schwarzer Elektrorasierer aus Edelstahl zu sehen. ( )

c) Ich beschreibe einen schwarzen Drucker mit einem Kunststoffgehäuse. ( )

d) Mein Kumpel hat gestern seine Turnschuhe bei mir vergessen, die sehen wie folgt aus. ( )

e) Das wacklige Ding, das ich meine, fährt Menschen auf einen Berg. ( )

f) Die Rede ist von einem nachfüllbaren Seifenspender aus durchsichtigem Plastik. ( )

**Übung 124:** Schau dir den Gegenstand genau an und beantworte die Fragen.

Bildquelle: https://burst.shopify.com

Wie nennt man den Gegenstand? ________________

Worauf steht der Gegenstand? ________________

Aus welchem Material besteht er? ________________

Welche Form hat er und wie groß ist der Durchmesser?

________________________________

Was befindet sich darin? ________________

Welche Besonderheit fällt dir beim Inhalt auf? ________

________________________________

Welche Funktion hat der Gegenstand? ________________

________________________________

---

**Übung 125:** Hier ist eine sehr ausführliche Beschreibung.
Bring die Sätze in die richtige Reihenfolge.

a) Das Gestell besteht aus zwei Seitenteilen, einem Kopf- und einem Fußteil. Von Kopf bis Fuß verlaufen drei Metallschienen, eine in der Mitte sowie zwei am Rand, die den Lattenrost abstützen. Das Bettgestell sieht aus wie ein Rechteck und hat einen Gesamtwinkel von 360°.

b) Der letzte Bestandteil des Betts ist eine gelbe Schaumstoff-Matratze mit weißem Stoffüberzug, die sich an die s-förmige Wirbelsäule des Menschen anpasst.

c) Im Folgenden beschreibe ich ein Bett, bestehend aus Matratze, Lattenrost und weißem Gestell.

d) Die Funktion des Betts ist, dass Menschen darin zur Ruhe kommen und ihren Körper regenerieren.

e) Auf dem Gestell liegt ein Lattenrost auf, der sich aus 24 kurzen Latten und einer Holz-Unterkonstruktion zusammensetzt. Die Latten sind in Gummilaschen gesteckt und an der Kopf- wie Fußseite mit zwei zusätzlichen Holzlatten gesichert. Der Lattenrost ist an der Kopfseite in seiner Höhe verstellbar, um Liegenden z. B. das Lesen zu erleichtern.

f) Es hat eine Breite von 1,40 m und Länge von 2 m.

g) Zu erwähnen ist noch, dass das Bettgestell aus furniertem Pressspan besteht, der weiß lackiert wurde.

**Die richtige Reihenfolge:** ( ) → ( ) → ( ) → ( ) → ( ) → ( ) → ( )

# Notizen